Cuisinez les légumes de la tête… aux pieds !

Terre vivante a réalisé en 2010 la première analyse du cycle de vie (ACV) d'un livre en France. Cette étude nous a permis d'identifier les impacts de la fabrication d'un livre sur l'environnement, dans l'objectif de les limiter. *Fabriquer des livres, quels impacts sur l'environnement ?* sur www.terrevivante.org

Le papier choisi pour cet ouvrage est issu de pâte vierge produite écologiquement en Europe à partir de forêts gérées durablement. Il ne provient pas de pâte à papier fabriquée aux quatre coins du monde !

Livre éco-conçu

Ce livre est de plus imprimé en France, par un imprimeur soucieux de préserver l'environnement à travers des actions d'économies d'énergie, de valorisation des déchets, d'utilisation de produits moins nocifs pour la santé des travailleurs...

Depuis 1979, la Scop **Terre vivante** vous fait partager ses expériences en matière d'écologie pratique : jardinage bio, habitat écologique, alimentation saine et bien-être, consommation responsable... à travers :
- l'édition de livres pratiques,
- le magazine *Les 4 Saisons du jardin bio*,
- des Jardins écologiques proposant des stages pratiques,
- un portail internet : www.terrevivante.org

Le catalogue des ouvrages publiés par **Terre vivante** est disponible sur simple demande et sur internet.

Terre vivante, domaine de Raud, 38710 Mens.
Tél. : 04 76 34 80 80. Fax : 04 76 34 84 02.
Email : info@terrevivante.org
www.terrevivante.org

Conception graphique et réalisation : Hugues Vollant
Textes établis par Laetitia Gascuel et Nuria Pastor Martinez
Illustrations : Caroline Koehly, sauf page 17 : DR, page 136 : Loren Bes, pages 151, 175 et 205 : iStockphoto.
Photogravure : C'limage
Isbn : 978-2-36098-138-0

Association
Côté Jardins

Cuisinez les légumes de la tête... aux pieds !

terre vivante

SOMMAIRE

Côté Jardins remercie Julie Bon, Denis Cardinaud, Agnès Cottin, Delphine Coubray, Jean-Luc de Ochandiano, Laetitia Gascuel, Maloin, Franck Nespoulet, Nuria Pastor Martinez et Sylvie Prat-Hourquet pour leur investissement dans la réalisation de ce livre.

Ainsi que Michel Baarsch, Claire Bellissen, Valérie Berge, Magali Bourges, Nana Caclin, Pierre-Yves Carrara, Laurine Chevalier, Odile Cote, Violaine Croze, Sylvie Dehez, Séverine Gedzelman, Anne Grosperrin, Annick Jacquemet, Mireille Jallais, Élisabeth Kern, Lucie Le Gal, Catherine et Denis Legros, Roselyne Malhomme, Paulette Mazoyer, Anne-Claire et Vincent Ménager, François Michiels, Michel et Annie Mula, Véronique Pauthenet, Anne-Marie Pioud, Véronique Pommier, Bénédicte Rivet, Patricia Schwerer, Sarah Simone, Jérôme Serve, Marianne Afsar Soltani Azad, Blandine Thiery et tous ceux qui, par leurs recettes ou par leur aide, ont contribué à l'écriture de ce livre.

DU CŒUR... À LA BOUCHE ET DE LA BOUCHE AU CŒUR

Le livre *Les légumes passent à table*[1] a rencontré un succès imprévu et durable. La parution de *Cuisinez les légumes de la tête... aux pieds !* est aujourd'hui l'occasion de découvrir d'autres saveurs, anciennes, nouvelles et souvent inattendues. Avec une vraie place accordée à des légumes connus ou oubliés, accommodés à la mode, à la mode, à la mode Côté Jardins ! Il paraît qu'une recette de cuisine, c'est comme un coin à champignons : ça ne se donne pas. Ce livre est la preuve que certains secrets gagnent à être connus. La richesse du potager de l'Association Côté Jardins[2] recèle une autre richesse : celle du goût partagé. Et bien plus encore. Une recette de cuisine peut contenir quelque chose d'essentiel.

Dans une nouvelle intitulée « Le plus beau livre du monde », Éric-Emmanuel Schmitt raconte l'histoire de femmes prisonnières. Elles sont internées en Sibérie dans un camp dont beaucoup ne reviendront jamais. Privées de l'indispensable, prêtes à tout pour communiquer avec leurs familles, elles réussissent à trouver de quoi écrire, et à faire passer à grand risque des lettres clandestines à leurs enfants. Ces lettres écrites par des combattantes pour la liberté qui avaient chacune rédigé trois feuillets pour leurs filles, en craignant de ne jamais les revoir, seront plus tard éditées sous le titre *Le plus beau livre du monde*. Depuis leur lieu de misère, elles avaient voulu transmettre le plus important. Qu'avaient-elles donc écrit ? Sur chaque page était rédigée... une recette de cuisine[3]. C'était là l'essentiel : l'envie, la recherche, le travail, le soin, le temps, la joie, le goût... et, au bout, le partage et le plaisir. La vie, quoi !

Les 180 recettes du livre que vous avez entre les mains n'ont pas cette prétention. Tout de même, elles ont été inventées, réinventées, partagées, retrouvées – avec pour certaines la contribution de nos grand-mères ! À vous d'essayer, à vous de goûter. À vous de suivre la recette avec le soin que vous voudrez : respect aveugle des ingrédients, des proportions et du temps... ou par des chemins de traverse connus de vous seul(e). À vous d'inventer. Notre souhait : que ces plats soient réjouissants pour vos papilles, et, qui sait, des occasions de partage et de plaisir !

1 Côté Jardins, *Les légumes passent à table : recettes inattendues*, Terre vivante, 2001.

2 Pour en savoir plus sur l'Association Côté Jardins, auteur de ce livre, voir page 253.

3 Éric-Emmanuel Schmitt, « Le plus beau livre du monde », in *Odette Toulemonde et autres histoires*, Albin Michel, 2006.

INTRODUCTION

OÙ IL EST PROUVÉ QUE LA BANALITÉ D'UNE FANE DE RADIS PEUT DEVENIR SOURCE SURPRENANTE DE CRÉATIVITÉ

Jardiner, transmettre le goût des légumes connus et oubliés, respecter l'environnement, sensibiliser à la pratique du jardinage et à l'écologie, voici quelques-unes des missions principales que nous nous sommes fixées à l'Association Côté Jardins[1]. Cultiver les légumes soi-même, rien de plus efficace pour les faire aimer aux enfants, et même aux plus grands. Mais aussi pour sortir de la routine dans la préparation de certains légumes, en essayant de nouvelles recettes, ce qui permet de lutter très efficacement contre les mauvais souvenirs de cantine.

Ainsi, vivre au rythme du potager, c'est tenter de diversifier la préparation du légume qui arrive à maturité pendant quelques semaines, quelquefois en grande quantité, mais qu'il faudra ensuite attendre un an avant de pouvoir récolter à nouveau. C'est aussi trouver les moyens de le conserver afin de pouvoir le consommer tout au long de l'année. Et parce que, très souvent, *dans le légume, tout est bon*, nous avons essayé de proposer des recettes permettant d'utiliser toutes les parties comestibles de chaque plante : racines, tiges, feuilles, fanes, fleurs, fruits mûrs ou pas, graines.

Au fil des saisons et au rythme des récoltes, pendant presque deux ans, les jardiniers de Côté Jardins ont testé, à plusieurs reprises et de façon méthodique, des recettes nouvellement concoctées ou adaptées de recettes familiales, afin d'accommoder la quarantaine de légumes et de plantes aromatiques qui poussent dans leur jardin collectif de Tassin-la-Demi-Lune. Mais, comme dans tout potager, d'autres plantes s'invitent sans qu'elles aient été volontairement cultivées. Habituellement ignorées et chassées comme des « mauvaises herbes », elles contiennent souvent des richesses insoupçonnées, tant d'un point nutritif que gustatif. Il nous a donc semblé important de leur accorder une place dans cette sélection de recettes. C'est par exemple le cas de l'ortie, du pourpier ou du pissenlit.

Des recettes que nous avons voulues les plus détaillées possibles pour qu'elles puissent être utilisées facilement, mais qui peuvent aussi laisser la place à la créativité de chacun. Une centaine de variantes ou des propositions d'adaptation des recettes à d'autres légumes sont également proposées.

1 Pour en savoir plus sur l'Association Côté Jardins, voir page 253.

LES INGRÉDIENTS

Sauf mention contraire, les ingrédients de base que nous avons utilisés sont :

- des légumes issus de l'agriculture biologique, nous permettant souvent de les préparer sans avoir à les peler afin de conserver une part importante des nutriments stockés dans la peau ;
- de la farine de blé, type 65 ;
- du sucre de canne blond ou, à défaut du sucre semoule blanc ;
- de l'huile d'olive ;
- des produits laitiers : crème fraîche, lait, yaourt, beurre.

Il est souvent possible de remplacer ces produits laitiers par des alternatives végétales, sans qu'il soit nécessaire d'en modifier les proportions :

- le lait animal peut être remplacé par des laits végétaux comme le lait de soja, d'avoine, d'amande ou de coco ;
- la crème fraîche par du tofu soyeux, des purées d'oléagineux (amande, sésame, noisette, courge, etc.), de la crème de soja ou d'avoine pour tout type de plats, de la crème de riz et de quinoa pour des préparations sucrées ;
- le beurre par une huile neutre supportant la cuisson, de la margarine ou une purée d'oléagineux, notamment la purée d'amande blanche, la plus neutre en goût (en pâtisserie ou béchamel). Lorsque la recette demande du beurre dur, remplacer par le même poids de purée d'amande ; pour du beurre fondu, remplacer par une moitié de purée d'amande et une moitié d'huile ; pour du beurre en pommade, remplacer par deux tiers de purée d'amande et un tiers d'huile ou de lait végétal.

LA CUISSON

Le temps de cuisson au four est toujours donné en degrés Celsius et correspond à un four électrique de 60 litres. La correspondance thermostat/degrés Celsius est de 30°C (150°C = th 5, 180°C = th 6, 210°C = th 7). Chaque four étant différent, il est important de toujours surveiller la cuisson.

Les temps de cuisson des recettes à l'étouffée ou à la vapeur sont donnés de manière indicative pour une réalisation en cocotte ou sauteuse « à fond épais » prévue pour des cuissons douces afin de préserver au maximum les vitamines et minéraux des légumes.

LES MESURES

Les poids de légumes sont donnés en grammes pour une plus grande précision. Le tableau suivant donne quelques indications sur le poids moyen de certains légumes :

Aubergine	500 g	Courgette moyenne	300-500 g
Carotte	130 g	Échalote	25 g
Céleri branche	800 g	Oignon	150 g
Céleri-rave	1 kg	Poivron	175 g
Chou-fleur	1,5 kg	Poireau	150 g
Chou pommé	1,5 kg	Pomme de terre	100-250 g
Concombre	500 g	Tomate	130-200 g

Signification des pictos

Recette végétarienne — Recette sans cuisson — Conserve

Ail

UN PEU DE BOTANIQUE

Allium sativum, plante bulbeuse de la famille des Liliacées comme l'oignon, la ciboulette mais aussi l'asperge. Utilisé depuis l'Antiquité et originaire d'Asie centrale, il aurait été introduit en Europe par les Romains et les Grecs (très employé dans l'alimentation des soldats romains ou des athlètes grecs du fait de ses qualités fortifiantes). Introduit en Amérique par Christophe Colomb, il est actuellement cultivé dans presque toutes les régions du monde. Il existe de nombreuses variétés d'ail, se différenciant par leur parfum et leur couleur : blanc, gris (moins savoureux), rose (très parfumé), violet.

PROPRIÉTÉS

Très utilisé dans notre pharmacopée et la médecine chinoise traditionnelle, l'ail est particulièrement efficace dans le traitement des maladies des voies respiratoires et pour l'activation des défenses naturelles. L'ail a des vertus antiseptiques, stimulantes, digestives, diurétiques. Il est riche en vitamines B et C, en provitamine A. En revanche, il produit une mauvaise haleine qui peut être atténuée en mâchant du persil, des grains de café, des graines d'anis ou de cardamome.

PÉRIODE DE RÉCOLTE

De mi-avril à mi-juin pour l'ail frais, et de mi-juin à août pour l'ail de conservation.

CONSERVATION

L'ail frais ne se conserve que quelques jours au réfrigérateur ; les tiges se congèlent bien après avoir été blanchies 3 minutes dans l'eau bouillante. Les têtes d'ail, après avoir séché quelques jours au soleil, se conservent entre 6 mois et 1 an dans un endroit sec, aéré et à l'abri de la lumière. Les gousses épluchées, entières ou hachées, se conservent dans l'huile au réfrigérateur, dans du vinaigre ou au congélateur. Celles-ci peuvent aussi être séchées quelques minutes au four, ou à l'aide d'un déshydrateur, et être réduites en poudre grâce à un moulin.

PARTIES COMESTIBLES

Les bulbes (ou gousses), les tiges fraîches, les fleurs coupées peu après leur formation et les graines germées.

UTILISATION

Cuit, cru, confit, au vinaigre. Le bulbe s'utilise surtout en condiment pour parfumer les sauces de salade, mayonnaises, plats en sauce, soupes, viandes, poissons et légumes. Les salades amères, comme le pissenlit, la chicorée ou la scarole, perdent un peu de leur amertume avec des croûtons frottés à l'ail ou avec une vinaigrette à l'ail. Les tiges peuvent se consommer crues, coupées en morceaux, pour parfumer salades et omelettes, de préférence lorsque l'ail n'est pas arrivé à maturité. Si l'ail est mûr, on peut encore utiliser les tiges comme des poireaux (cuites en tartes, soupes, potées, bouillons, etc.).

RECETTES ALTERNATIVES

L'ail peut remplacer l'ingrédient principal des recettes suivantes :

◊ **Quiche aux fanes de navet**, page 146.
◊ **Omelette ensoleillée**, page 177.

GOUSSES D'AIL AU VINAIGRE

Ingrédients

- 400 g de têtes d'ail
- 2 l environ de vinaigre de vin blanc
- 1 c. à soupe de poivre en grains
- 1 c. à café de graines de moutarde
- 2 c. à café de graines de coriandre
- Romarin
- 3 c. à soupe de sucre
- 1 pincée de sel

Peler les gousses d'ail et les disposer dans un grand pot à couvercle à vis avec les aromates (romarin, moutarde, coriandre et poivre). Les couvrir de vinaigre de vin blanc bouillant, environ 650 cl. Laisser mariner 2 à 3 semaines au réfrigérateur, puis filtrer. Conserver le vinaigre aromatisé pour d'autres usages.
Remplir le pot avec du vinaigre bouillant « neuf » et laisser reposer à nouveau 3 semaines. Renouveler une dernière fois l'opération en ajoutant le sel et le sucre. Laisser macérer à nouveau 3 semaines avant de consommer.
Se consomme à l'apéritif et en condiment avec les viandes froides. Se conserve 1 ou 2 ans dans un endroit frais et à l'abri de la lumière.

VARIANTE

Remplacer les têtes d'ail par des bulbes d'ail des ours.

SAUCE D'AULX À L'ANCIENNE

Pour 4-6 personnes

- 30 cl de bouillon de viande, poisson ou légumes (voir recettes pages 224 à 226)
- 10 belles gousses d'ail
- 10 feuilles d'oseille
- 50 g de mie de pain
- 2 c. à soupe de vinaigre de vin (ou le jus d'1 citron)
- 1 grosse c. à soupe de persil haché
- Sel

Éplucher les gousses d'ail et ciseler grossièrement l'oseille. Mixer finement l'ail, l'oseille, la mie de pain et le persil avec le vinaigre (ou le jus de citron). Saler.
Verser cette préparation dans une casserole avec le bouillon, et faire épaissir sur feu moyen en remuant constamment.
Cette sauce peut accompagner un poisson cuit à la vapeur, une viande ou des légumes.

CONFIT D'AIL

Pour un petit pot de 15 cl

- 4 belles têtes d'ail
- Huile d'olive
- Le jus d'½ citron
- Sel

Peler les gousses d'ail et les couvrir d'huile dans une petite casserole. Faire chauffer jusqu'au frémissement et laisser refroidir. Renouveler cette opération au moins deux fois. Égoutter les gousses d'ail (conserver l'huile aromatisée pour d'autres usages) et les réduire en purée avec un peu de sel et l'équivalent du jus d'un demi-citron. Mettre dans un petit pot et stériliser 10 minutes à l'eau bouillante.
S'utilise tartiné sur du pain pour l'apéritif, en base de sauce de salade mélangée à la moutarde, en condiment avec une viande rouge, etc.
Avant ouverture, peut se conserver au frais pendant 6 mois.
Après ouverture, garder au réfrigérateur et consommer dans la semaine.

SOUPE CASTILLANE À L'AIL

RECETTE ESPAGNOLE

Pour 4 personnes

- 100 g de pain rassis
- 8 gousses d'ail
- 1 l de bouillon de légumes (voir recette page 224)
- 1 œuf
- 2 c. à soupe d'huile d'olive
- 1 c. à café de cumin moulu
- Sel

Faire chauffer l'huile dans une casserole et faire dorer l'ail. Surveiller la cuisson, l'ail ne doit pas brûler. Incorporer le pain coupé en petits morceaux et le faire revenir légèrement.
Ajouter le bouillon, le cumin et le sel, et laisser cuire entre 5 et 10 minutes, en fonction de la dureté du pain.
Battre l'œuf en omelette et, hors du feu, l'incorporer à la soupe.
Mélanger et mixer le tout afin d'obtenir une soupe homogène.
En fonction de la consistance souhaitée, si la soupe est trop épaisse, il est possible d'ajouter un peu d'eau.

Ail des ours

UN PEU DE BOTANIQUE

Allium ursinum, aussi communément appelé «ail sauvage» ou «ail des bois», plante sauvage de la famille des Liliacées comme l'ail ou la ciboulette. La légende voudrait que l'ours, en sortant de son hibernation, cherche à se nourrir de cette plante printanière pleine de vitamines afin de retrouver des forces, d'où le nom populaire de cette plante. Sa consommation par l'homme remonte à la Préhistoire, des traces de cette plante ayant été retrouvées dans des habitations du Néolithique. Avant la floraison ses feuilles ressemblent à celles du muguet, de l'arum jeune et du colchique qui sont toxiques. Pour éviter toute confusion, consultez une flore ou faites-vous conseiller par un expert.

PROPRIÉTÉS

Particulièrement riche en vitamine C, il possède aussi du magnésium et du fer. Il est dépuratif, hypotenseur, antiseptique, et facilite la digestion et la régulation du système gastro-intestinal.

PÉRIODE DE RÉCOLTE

De février à avril pour les feuilles, la période de récolte s'arrêtant après l'apparition des premières fleurs car les feuilles perdent alors de leur arôme ; de mars à juin pour les fleurs et les bulbes. Lors de la cueillette, veiller à ne pas mettre en danger le peuplement par une récolte trop systématique.

CONSERVATION
Les feuilles d'ail des ours frais se conservent seulement 2 à 3 jours au réfrigérateur. Séchées, elles perdent leur intérêt gustatif ou nutritif. Elles peuvent être congelées : ciselées ou hachées avec un peu d'huile dans un bac à glaçons. Elles se conservent très bien dans l'huile (par exemple en pesto) et au vinaigre (boutons floraux), mais c'est fraîches qu'elles conserveront le mieux leurs propriétés et leur fin goût d'ail.

PARTIES COMESTIBLES
Les feuilles, les fleurs (boutons et fleurs épanouies) et les bulbes. Comme toutes les plantes sauvages, il est conseillé de la laver dans 2 eaux de rinçage et une troisième vinaigrée.

UTILISATION
Il peut s'utiliser comme légume ou condiment, cuit ou cru (consommer de préférence frais et cru pour conserver son goût d'ail et toute sa vitamine C) de la même manière que l'ail, l'oignon blanc, l'épinard ou la ciboulette. Les feuilles peuvent s'utiliser cuites en quiche, soupe, risotto, gratin, omelette, avec des pommes de terre ou des pâtes, ou comme des feuilles de vigne pour faire des roulés farcis ; crues entières mélangées avec une laitue (1 ou 2 feuilles par assiette) ou ciselées comme base pour une vinaigrette, avec du fromage blanc ou un yaourt nature, en pesto ou en décoration.

RECETTES ALTERNATIVES
L'ail des ours peut remplacer l'ingrédient principal des recettes suivantes :

◊ **Pesto de basilic aux amandes**, page 28.
◊ **Yaourts à la ciboulette & au camembert**, page 80.
◊ **Tomates cerises au vinaigre**, page 214.
◊ **Fleurs de courgette en beignets**, page 99.
◊ **Quiche aux fanes de navet**, page 146.
◊ **Gousses d'ail au vinaigre**, page 14.

CAVIAR À L'AIL DES OURS & AUX NOIX

CRU

Pour un petit pot de 15 cl

- 30 g de feuilles d'ail des ours
- 20 g de noix en poudre
- 20 g de parmesan
- Huile d'olive
- 3 pincées de sel

Laver l'ail des ours à l'eau vinaigrée et laisser sécher légèrement les feuilles. À l'aide d'un robot, hacher très finement les feuilles d'ail des ours.
Dans un pot, mélanger l'ail des ours, les noix en poudre, le parmesan et le sel. Sans arrêter de mélanger, incorporer peu à peu l'huile jusqu'à obtention d'une pâte épaisse.
Conserver au réfrigérateur au moins 24 heures avant de consommer.
Ce caviar se consomme avec des pâtes, du riz, des pommes de terre cuites à l'eau ou tartiné sur du bon pain grillé.

VARIANTE

Remplacer les 30 g de feuilles d'ail des ours par 50 g de ciboulette fraîche.

GOUGÈRES À L'AIL DES OURS

Pour 4 personnes

- 150 g de farine
- 25 cl d'eau
- 75 g de beurre
- 4 œufs
- 150 g de gruyère râpé
- 80 g de feuilles d'ail des ours
- 4 bonnes pincées de sel

Dans une casserole, porter à ébullition le beurre, l'eau et le sel. Hors du feu, ajouter la farine en une seule fois. Travailler vivement avec une spatule en bois. Remettre sur le feu et dessécher la pâte jusqu'à ce qu'elle se détache de la casserole. Retirer du feu et laisser tiédir.
Incorporer les œufs un à un, tout en mélangeant vivement. Ajouter à cette pâte le gruyère râpé et les feuilles d'ail des ours hachées.

Disposer la pâte en petites boules sur une plaque beurrée. Faire cuire dans le four préchauffé à 210°C, pendant 25 minutes environ, jusqu'à ce que les gougères soient bien gonflées et légèrement dorées. Ne pas ouvrir le four pendant le temps de cuisson.

VARIANTES

- Remplacer les feuilles d'ail des ours par 60 g de feuilles d'orties.
- Remplacer le gruyère et l'ail des ours par 100 g de parmesan et 50 g de basilic.
- Remplacer les feuilles d'ail des ours par un bouquet de ciboulette de 100 g environ.

TOFU GRILLÉ À L'AIL DES OURS

Pour 4 personnes

- 2 pavés de tofu (environ 400 g)
- 1 c. à soupe d'huile d'olive
- 2 c. à soupe de sauce soja
- 1 c. à café de curcuma
- Sel
- 20 feuilles d'ail des ours (ou 2 c. à soupe d'ail des ours séché)

Couper le tofu en dés et le faire revenir dans l'huile. Assaisonner avec la sauce soja, le curcuma et une pincée de sel.
Quand le tofu est grillé, ajouter les feuilles et les tiges d'ail des ours ciselées. Servir aussitôt.

Aubergine

UN PEU DE BOTANIQUE

Solanum melongena, de la famille des Solanacées comme la tomate, le poivron ou la pomme de terre. Cultivée d'abord en Inde et en Chine, elle a été introduite en Espagne par les Arabes. Il faut ensuite attendre quelques siècles pour voir sa consommation se diffuser en Europe, sans doute du fait de sa ressemblance avec d'autres plantes toxiques de la même famille. Son nom italien, *melanzane* (littéralement « pomme malsaine »), témoigne encore de cette méfiance de départ.

PROPRIÉTÉS

Elle est riche en vitamines C, E et en minéraux (magnésium, zinc et potassium). Pauvre en calories et riche en fibres, elle favorise le transit intestinal et elle est diurétique. Sa peau, en particulier celle des variétés sombres, est très riche en antioxydants.

PÉRIODE DE RÉCOLTE

De fin juin à octobre. L'aubergine est toujours cueillie avant maturité car, à ce stade, elle devient dure et prend de l'amertume.

CONSERVATION
Se conserve 1 bonne semaine dans le bac à légumes du réfrigérateur. Se congèle en rondelles crues ou blanchies 4 minutes dans de l'eau bouillante citronnée (pour éviter le noircissement).

PARTIES COMESTIBLES
Le fruit.

UTILISATION
Sa consommation crue est déconseillée car elle contient de la solanine (pigment toxique qui se dégrade avec la cuisson). Elle a la texture d'une éponge, aussi, pour éviter qu'elle ne se gorge de graisse, il vaut mieux opter pour une cuisson à la vapeur, à l'étuvée ou grillée au four. Elle se consomme cuite en salade, frite (telle quelle ou en beignets), farcie, en ratatouille ou curry, en caviar ou purée, en soupe, en gratin ou comme garniture de pâtes, riz ou pizzas.

RECETTES ALTERNATIVES
L'aubergine peut remplacer l'ingrédient principal des recettes suivantes :
◊ **Fleurs de courgette en beignets**, page 99.
◊ **Pâtes aux brocolis & aux anchois**, page 64.
◊ **Tarte Tatin aux poivrons**, page 186.

AUBERGINES À L'AIGRE-DOUX

RECETTE DE SARDAIGNE

Pour 4 personnes

- 750 g d'aubergines
- 300 g de tomates
- 2 belles gousses d'ail
- 6 c. à soupe d'huile d'olive
- 3 c. à soupe de vinaigre
- 1,5 c. à soupe de sucre
- Sel

Laver et couper les aubergines en deux, dans le sens de la longueur, sans les peler. Strier la pulpe de quelques traits sur 0,5 cm de profondeur.
Garnir le fond d'un autocuiseur d'huile. Disposer au fond les aubergines, peau côté autocuiseur. Laver et couper les tomates en petits cubes et les disposer sur les aubergines. Peler et hacher finement les gousses d'ail et les répartir sur les tomates. Saler et verser un peu d'huile sur le tout.
Fermer l'autocuiseur et laisser 5 minutes à feu fort. Réduire à feu doux

et compter 8 minutes à partir du sifflement. Arrêter le feu et laisser l'autocuiseur fermé jusqu'à ce qu'il n'y ait plus de pression. Il est possible également d'utiliser une cocotte allant au four. Préchauffer alors le four à 180°C, fermer la cocotte pour éviter que les aubergines ne se dessèchent et faire cuire 30 à 45 minutes pour qu'elles deviennent fondantes.
Dans un verre, bien mélanger le sucre et le vinaigre. Ouvrir l'autocuiseur, verser ce mélange sur les aubergines tièdes, en gardant le jus produit pendant la cuisson, et laisser mariner au moins 2 à 3 heures.
Servir chaud, tiède ou froid.

SALADE D'AUBERGINES À LA GRENADINE

Pour 8 personnes
- 1 kg d'aubergines
- 3 poivrons rouges
- 4 oignons frais
- 6 c. à soupe d'huile d'olive
- 300 g de feta

Pour la marinade
- 1 c. à soupe de sirop de grenadine
- Le jus de 2 citrons
- 4 c. à soupe d'huile d'olive
- 2 gousses d'ail
- 1 c. à soupe de feuilles de thym
- Sel et poivre

Cette salade se prépare la veille.
Laver les légumes. Couper les aubergines en dés de 2 cm environ, les poivrons en morceaux et les oignons en rondelles avec un peu de vert.
Mettre les légumes dans un grand plat à gratin, arroser avec 6 cuillères à soupe d'huile d'olive. Faire cuire dans le four préchauffé à 230°C, pendant 35 minutes, en mélangeant de temps en temps (environ trois fois).
Éplucher les gousses d'ail et les piler très fin. Ajouter le sel et mélanger. Incorporer les 4 cuillères à soupe d'huile petit à petit. Puis, les autres ingrédients de la marinade, en mélangeant de façon homogène.
À la fin de la cuisson des légumes, verser la marinade sur le plat.
Laisser refroidir et mariner au réfrigérateur toute une nuit. Avant de servir, couper la feta en cubes et mélanger avec les légumes.

AUBERGINES AU MILLET

Pour 4 personnes

- 500 g d'aubergines
- 230 g d'oignons
- 160 g de millet
- 1 c. à café de cumin (poudre ou graines)
- 1 c. à café de coriandre (poudre ou graines)
- 3 gousses d'ail
- 1 c. à soupe d'huile d'olive ou de sésame
- Sel et poivre
- 2 à 3 verres d'eau
- Tamari (facultatif)
- 1 c. à soupe de graines de sésame

Dans une sauteuse à fond épais, verser l'huile d'olive puis placer dans l'ordre : les oignons émincés, le millet, le cumin et la coriandre, les aubergines coupées en rondelles, l'ail pressé. Saler et poivrer. Couvrir après avoir ajouté 2 verres d'eau pleins, et faire cuire à feu très doux pendant 30 minutes. Surveiller la cuisson et ajouter de l'eau si nécessaire.
En fin de cuisson, parsemer avec des graines de sésame préalablement grillées à sec dans une poêle.
Il est aussi possible d'assaisonner avec un peu de tamari au moment de servir.

CAPONATA RECETTE SICILIENNE

Pour 6 personnes

- 1 kg d'aubergines
- 2 branches de céleri
- 500 g de petits oignons nouveaux
- 3 poivrons (un rouge, un jaune et un vert)
- 1 kg de tomates bien mûres
- 50 g de câpres
- 150 g d'olives vertes ou noires dénoyautées
- 8 cl de vinaigre de vin
- 4 c. à soupe d'huile d'olive
- 1 c. à soupe de sucre
- Sel et poivre

Laver les légumes. Couper le céleri en petits dés, les oignons en morceaux, les poivrons en lamelles et les aubergines en dés. Dans une casserole, faire revenir les aubergines dans l'huile chaude. Ajouter les oignons, les poivrons et le céleri.

Peler et écraser les tomates et les ajouter à la casserole avec le sucre.
Laisser cuire à feu doux, et à couvert, pendant 1 h 30 environ, jusqu'à complète évaporation du jus.
Mouiller de vinaigre, saler et poivrer. Ajouter les câpres et les olives.
Couvrir et laisser cuire encore une dizaine de minutes.
Laisser refroidir.
Servir très frais en garnissant à volonté d'œufs durs.

ÉVENTAIL D'AUBERGINES & TOMATES

Pour 4 personnes

- 900 g d'aubergines
- 500 g de tomates bien mûres
- 100 g de gruyère
- 2 c. à café de moutarde
- 15 cl de crème liquide
- 25 feuilles de basilic
- Sel

Laver les légumes. Couper, sans les peler, les aubergines et les tomates en rondelles d'1 cm. Faire cuire les aubergines 10 à 15 minutes à la vapeur : elles doivent être cuites mais rester fermes.
Dans un bol, mélanger la crème, la moutarde et le sel.
Déposer les aubergines dans un plat allant au four, et les couvrir avec la sauce et de fines lamelles de fromage. Recouvrir avec les tomates.
Faire cuire dans le four préchauffé à 180°C pendant 30 minutes environ. Avant de servir, saupoudrer avec le basilic finement ciselé.

Basilic

UN PEU DE BOTANIQUE
Ocimum basilicum, de la famille des Lamiacées comme la menthe, le thym ou les crosnes. Il est cultivé comme plante aromatique et condimentaire. Les feuilles, lisses ou frisées, sont toujours brillantes, vert pâle à vert foncé ou pourpre selon les variétés. Il en existe des centaines de variétés, comme le basilic laitue, le basilic anis, le basilic cannelle, le basilic citron, le basilic sacré (originaire d'Inde où cette plante est sacrée) ou le basilic thaï. Originaire d'Asie, il s'est très bien acclimaté en Europe.

PROPRIÉTÉS
Le basilic, frais ou sec, contient une proportion non négligeable de vitamine K et de fer. C'est un antioxydant modéré. Il a des vertus antiseptiques, expectorantes et antispasmodiques. En infusion, « l'herbe royale », comme on l'appelle aussi, facilite la digestion.

PÉRIODE DE RÉCOLTE
De juin à octobre. Culture facile en pot, mais la plante ne supporte pas la sécheresse et a besoin de 5 heures quotidiennes de soleil. Elle est aussi très sensible au froid. Préférer le basilic à petites feuilles pour une culture à l'intérieur.

CONSERVATION
Il est préférable de le consommer frais ou congelé car il perd beaucoup de son arôme au séchage. Au réfrigérateur, il se conserve seulement 2 jours dans un linge humide ou plus longtemps dans un pot hermétiquement fermé après avoir haché les feuilles avec du gros sel et les avoir recouvertes d'huile d'olive. Pour la congélation : écraser les feuilles fraîches pour obtenir une purée, ajouter un peu d'huile d'olive pour lier le tout et mettre la pâte au congélateur, dans un bac à glaçons. Pour sécher le basilic, le ciseler finement puis le laisser à l'ombre sur un cadre recouvert de gaze ou utiliser un déshydrateur. Le basilic pourpre se prête bien à une conservation au vinaigre blanc qui acquiert alors sa couleur et son arôme.

PARTIES COMESTIBLES
Les feuilles, les sommités fleuries et les graines germées.

UTILISATION
Les feuilles s'utilisent de préférence crues car leur arôme s'atténue à la cuisson. Pour les plats chauds, ajouter le basilic au dernier moment pour lui conserver sa saveur. Éviter de ciseler les feuilles fraîches avec du métal (couteau ou ciseaux) car elles s'oxydent alors rapidement. Les déchirer plutôt à la main et ne les ajouter qu'à la dernière minute pour conserver leur arôme. Pour la préparation du pistou ou de toute autre sauce, piler les feuilles au mortier plutôt que les passer au mixeur, ce qui permet de mieux extraire l'huile essentielle et l'arôme. Le basilic accompagne à merveille pâtes, salades, sauces, œufs, courgettes, tomates.

RECETTES ALTERNATIVES
Le basilic peut remplacer l'ingrédient principal des recettes suivantes :
◊ **Nems à la menthe & au fromage de chèvre**, page 138.
◊ **Gougères à l'ail des ours**, page 19.

PESTO DE BASILIC AUX AMANDES

CRU

Ingrédients

- 280 g de basilic
- 2 gousses d'ail
- 250 g d'amandes entières
- Huile d'olive
- Sel et poivre

Émonder les amandes en les plaçant 3 minutes dans l'eau bouillante, puis sous l'eau froide : la peau brune s'enlève alors facilement.
Dans un hachoir (ou un robot) placer l'ail, le basilic, les amandes et une grosse pincée de sel (et du poivre si on aime). Lorsque tout est bien haché, placer dans un pot en verre. Recouvrir d'huile, en chassant l'air qui reste parfois coincé dans le hachis. Tasser le hachis au fond, en laissant en surface une couche d'huile, sur environ 1 cm, qui isolera le mélange de l'air.
Ce pesto peut aromatiser des pâtes ou une salade verte, ou encore être tartiné sur du bon pain grillé à l'apéritif.
Il est possible de garder ce pesto au réfrigérateur quelques semaines pour le consommer rapidement. On peut aussi le congeler dans des bacs à glaçons ou le stériliser en petits pots mais il perdra alors sa belle teinte vert vif.

VARIANTES

- Remplacer le basilic par 200 g de feuilles de pourpier.
- Remplacer le basilic et les amandes par 280 g de pourpier, 45 g de pignons et 40 g de parmesan râpé.
- Remplacer l'ail et le basilic par 375 g de feuilles et tiges d'ail des ours.
- Remplacer le basilic et les amandes par 275 g de feuilles d'ortie, 140 g de parmesan et 70 g de pignons.
- Remplacer le basilic par du persil.

VIN DE BASILIC

Pour 3 litres

- 150 à 200 g de feuilles de basilic fraîchement cueillies
- 3 bouteilles de vin blanc
- 20 à 30 cl d'eau-de-vie
- 180 à 225 g de sucre

Faire macérer les feuilles de basilic avec le sucre dans le vin blanc pendant 2 à 3 jours. Filtrer. Ajouter l'eau-de-vie (pour un vin plus fort et une meilleure conservation). Mélanger et mettre en bouteille.
Laisser vieillir 1 à 2 mois avant dégustation.
Se conserve plusieurs mois dans un endroit sec et frais.
Servir bien frais.

VARIANTE

Il est aussi possible d'utiliser du vin blanc sec ou du rouge. Dans ce cas, en fonction des goûts, augmenter la quantité de sucre jusqu'à 300 g.

Betterave rouge

UN PEU DE BOTANIQUE

Beta vulgaris, de la famille des Chénopodiacées comme les blettes, les épinards ou le quinoa. Son nom est la contraction de « bette », dont elle est issue et de « rave » désignant les plantes que l'on cultive pour leur racine. Comme la blette, elle est issue de la « bette maritime » qui pousse spontanément au bord de l'Atlantique et de la Méditerranée. Mais, alors que la bette était consommée dès la Préhistoire, la betterave rouge n'apparaît sur les tables qu'à partir de la Renaissance et ne s'impose pas avant le XIXe siècle. Avant cette époque, seule la variété fourragère était utilisée pour l'alimentation du bétail et la variété sucrière, de couleur blanche, pour la production de sucre.

PROPRIÉTÉS

Les feuilles sont particulièrement riches en vitamines (K particulièrement, et A) et minéraux. Les racines contiennent une quantité significative de vitamine C et B, de fibres (très bien tolérées, surtout cuites), d'acide folique et d'antioxydants, notamment la bétanine (utilisée également comme colorant alimentaire). Elle est reminéralisante, tonifiante et diurétique, et sa consommation aide à la vasodilatation et à la fluidification du sang.

PÉRIODE DE RÉCOLTE

De juillet à novembre.

CONSERVATION

Les racines se conservent longtemps, dans le sable, dans un endroit frais et sec, ou 2 semaines au réfrigérateur. Elles peuvent être congelées en morceaux, crues ou cuites. C'est aussi l'un des légumes qui se sèche le mieux : au déshydrateur ou au four à température minimum avec la porte légèrement ouverte. La betterave se prête également très bien à la lactofermentation et peut se conserver au vinaigre ou en confiture. Les feuilles se conservent seulement 2 jours au réfrigérateur.

PARTIES COMESTIBLES

Les racines, les feuilles, les tiges et les graines germées.

UTILISATION

Les feuilles se consomment crues en salade (lorsqu'elles sont petites) ou cuites comme les épinards. Les tiges se consomment comme les côtes de blette, coupées en petits tronçons. Les racines se consomment crues râpées en salade, ou marinées en tranches très fines ; ou cuites (à l'eau, à la vapeur, au four ou frites). La betterave se cuisine très bien en soupe froide ou chaude (comme le bortsch), en risotto, avec des pâtes, en poêlée et même en dessert. À l'eau, elle se cuit de préférence entière, avec quelques centimètres de tige (pour qu'elle ne perde pas son jus et conserve sa couleur), et uniquement brossée, afin de ne pas perdre ses propriétés. Pour vérifier la cuisson, ne pas percer le légume mais frotter sa peau à la base de la racine : elle se détache très facilement lorsque la betterave est cuite. Plongée ensuite dans l'eau froide, la peau part facilement. Pour ne pas se tacher les mains, les betteraves s'épluchent en les maintenant dans l'eau. La betterave cuite se marie très bien aux oignons, au chou rouge et au gibier ; crue, à la mâche et aux noix.

RECETTES ALTERNATIVES

La betterave rouge peut remplacer l'ingrédient principal des recettes suivantes :

◊ **Risotto au potiron**, page 90.
◊ **Confit de fenouil au miel**, page 119.
◊ **Criques de panais**, page 157.

CHUTNEY DE BETTERAVES ROUGES

Ingrédients

- 1 kg de betteraves rouges
- 250 g d'oignons
- 60 g de raisins secs
- 2 pommes acidulées
- 50 cl de vinaigre blanc ou de cidre
- 75 g de sucre
- 4 c. à café de gingembre en poudre
- 2 c. à café de poivre
- 4 clous de girofle
- 1 pincée de cannelle
- 1 pincée de sel

Laver et peler les betteraves. Les faire cuire dans l'eau jusqu'à ce qu'elles soient tendres. Les couper en dés. Peler et couper en dés les oignons et les pommes.
Dans une grande casserole, faire dorer les oignons à feu moyen.
Ajouter tous les ingrédients, porter à ébullition et laisser cuire à feu doux pendant 20 à 30 minutes.
Mettre en pot le chutney encore bien chaud. Fermer les bocaux et les mettre à refroidir à l'envers pour améliorer la conservation.
Ce chutney se garde plusieurs mois dans un endroit sec et frais.
Il se consomme à l'apéritif, en salade ou en remplacement des cornichons.

VARIANTES

- Remplacer la betterave par du pâtisson.
- Remplacer la betterave rouge par 1,5 kg de rhubarbe et augmenter la quantité de sucre à 650 g.

POTAGE AUX FANES DE RAVES

Pour 4 personnes

- 100 g de fanes de betterave rouge
- 150 g de fanes de radis
- 300 g d'oignons
- 1 l d'eau
- 15 g de beurre
- 2 c. à soupe de flocons d'orge
- Sel et poivre

Trier les feuilles, les laver et les hacher.

Dans une casserole, faire à peine blondir, dans un peu de beurre, les oignons pelés et émincés. Ajouter les fanes et les faire cuire à l'étouffée pendant 8 minutes. Ajouter l'eau chaude et salée, porter à ébullition et faire cuire pendant 5 minutes avant de mixer. Incorporer les flocons d'orge et le poivre, et laisser cuire à feu moyen pendant 5 à 7 minutes. Servir chaud.

VARIANTES

- Remplacer les fanes de radis par des fanes de navet.
- Remplacer les fanes de betterave rouge par un poireau.

GASPACHO DE BETTERAVE ROUGE

Pour 4 personnes

- 1 kg de betteraves rouges
- 4 c. à soupe d'huile d'olive
- 2 c. à soupe de vinaigre balsamique
- Sel et poivre

Peler les betteraves et les couper en morceaux. Mettre les betteraves dans une cocotte, couvrir d'eau et faire cuire pendant 20 à 30 minutes. Laisser refroidir. Réserver l'eau de cuisson.
Dans un robot, mixer les betteraves, l'huile, le vinaigre, le sel, le poivre et un peu d'eau de cuisson, jusqu'à obtenir une préparation bien lisse et liquide. Ajouter plus ou moins d'eau de cuisson en fonction de la consistance souhaitée. Servir bien frais.

VARIANTE

Au lieu de donner au gaspacho une consistance de soupe liquide, il est possible d'ajouter très peu d'eau de cuisson et de servir la préparation dans des verrines décorées avec quelques graines germées.

TERRINE DE RAVE AU COGNAC

Pour 6 personnes

- 300 g de betteraves rouges crues
- 190 g de radis noirs
- 100 g d'oignons
- 60 g de farine
- 2 c. à soupe d'huile d'olive
- 3 œufs
- 20 cl de crème liquide
- 4 cl de cognac
- 1 c. à café de piment d'Espelette en poudre
- 6 g de beurre pour le moule
- Sel et poivre

Laver et éplucher les betteraves et les radis noirs. Les râper avec une grille moyenne.

Dans une poêle, faire revenir les oignons avec l'huile jusqu'à ce qu'ils soient translucides. Ajouter les légumes et les faire revenir à feu moyen pendant 8 à 10 minutes. Réserver.

Dans un saladier, fouetter les œufs et la crème liquide. Ajouter la farine, le cognac, le piment et bien mélanger. Saler et poivrer. Ajouter les légumes tièdes, mélanger et verser dans une terrine ou un moule à cake beurré.

Dans le four préchauffé à 180 °C, faire cuire la terrine pendant 40 minutes. Servir chaud ou tiède avec une salade verte. Peut se manger également le lendemain, froid, coupé en tranches.

VARIANTES

- Réduire le poids des raves de 30 g et ajouter 100 g de fanes de radis et de betterave hachées finement, revenues avec les raves râpées.
- Remplacer les radis noirs par des radis-raves, radis glaçons, etc.

GÂTEAU CHOCO-BETTERAVE

Pour 6-8 personnes

- 320 g de betteraves rouges
- 4 œufs
- 130 g de sucre
- 160 g de chocolat noir
- 35 g de cacao amer
- 60 g de poudre d'amande
- 150 g de farine (ou 100 g et 50 g de fécule de pomme de terre)
- 1 sachet de levure chimique
- 80 g de beurre + 6 g pour beurrer le moule
- 1 pincée de sel

Faire cuire les betteraves dans l'eau pendant 30 minutes.
Laisser refroidir, peler et râper finement.
Faire fondre la moitié du chocolat avec le beurre au bain-marie.
Dans un saladier, mélanger énergiquement les œufs et le sucre avec un fouet jusqu'à ce que le mélange blanchisse. Ajouter le cacao, la farine, la poudre d'amande, le sel et la levure. Incorporer le chocolat et le beurre fondus et bien mélanger. Ajouter la betterave râpée et le chocolat restant coupé en petits morceaux. Mélanger et verser dans un moule à manqué beurré et fariné.
Faire cuire dans le four préchauffé à 180 °C jusqu'à ce que la pointe d'un couteau ressorte sèche, environ 35 à 40 minutes.

Blette

UN PEU DE BOTANIQUE

Beta cicla, de la famille des Chénopodiacées comme les betteraves, les épinards ou le quinoa. Elle est appelée également « joutte », « bette à cardes », ou « poirée à cardes » car ses tiges sont consommées comme celles du cardon. Originaire d'Europe méridionale, cette plante est issue de la « beta » ou « bette maritime » qui pousse à l'état sauvage au bord de l'Atlantique et de la Méditerranée, consommée depuis l'Antiquité. Il existe diverses variétés à tiges jaunes, roses, orange, rouges ou blanches (les plus cultivées comme légume).

PROPRIÉTÉS

Source excellente de potassium, riche en calcium, en magnésium, en fer et en vitamines C et A. La blette est un légume tonique, permettant de lutter contre la fatigue, et rafraîchissant. Elle améliore le transit intestinal, a des effets laxatifs et diurétiques.

PÉRIODE DE RÉCOLTE

De juillet à novembre.

CONSERVATION

Se garde 2 à 3 jours au réfrigérateur dans un linge légèrement humide. Les côtes peuvent se conserver quelques jours de plus si elles sont séparées des feuilles. Les feuilles se congèlent très bien (entières ou hachées ; crues ou après blanchiment), contrairement aux côtes qui prennent une texture spongieuse à leur sortie du congélateur et pour lesquelles la stérilisation en bocaux est préférable.

PARTIES COMESTIBLES
Les feuilles, les côtes (ou cardes) et les graines germées.

UTILISATION
Les feuilles (la partie la plus nutritive) se consomment crues lorsqu'elles sont jeunes ou cuites comme les épinards (sautées, en tarte ou tourte, en farce à raviolis, en tian, en cake, en soupe) mais aussi en dessert. Elles peuvent être utilisées comme les feuilles de vigne pour faire des roulés farcis. Les côtes peuvent se consommer crues en salade (mais leur goût prononcé n'est pas toujours apprécié) ou cuites à l'eau, à la vapeur, frites, en gratin, en poêlée.

RECETTES ALTERNATIVES
Les blettes peuvent remplacer l'ingrédient principal des recettes suivantes :
◊ **Chou chinois au *wok***, page 68.
◊ **Épinards au beurre de cacahuètes**, page 115.
◊ **Cardons de Noël en sauce d'amandes**, page 45.
◊ **Chaussons de verdure**, page 134.
◊ **Roulé de feuilles de navet au jambon**, page 142.
◊ **Petits chaussons aux oignons**, page 149.

ROULEAUX AUX BLETTES

Pour 4 personnes
- 12 grandes feuilles de blette
- 140 g de boulgour
- 100 g d'oignons
- 2 c. à soupe d'huile d'olive
- 6 brins de persil
- 1 petit bouquet de ciboulette
- Sel et poivre
- ½ c. à café de piment en poudre
- Coulis ou sauce tomate maison (voir recette page 230)

Laver les feuilles de blette (conserver les côtes pour une autre utilisation) et les égoutter en essayant de les garder entières.
Ciseler le persil et la ciboulette.
Peler et faire revenir à l'huile les oignons émincés. Quand ils sont translucides, les sortir du feu et les mélanger avec le persil, la ciboulette et le boulgour préalablement cuit. Saler, poivrer et ajouter le piment.
Ébouillanter les feuilles de blette pendant 1 minute pour les attendrir, mais pas plus car elles se déchireraient. Au centre de chaque feuille,

placer 1 grosse cuillère à soupe de boulgour assaisonné. Replier les bords et rouler le plus serré possible. Maintenir le rouleau avec des pics en bois ou de la ficelle à rôti.
Faire cuire les rouleaux à la vapeur pendant 10 minutes et servir avec du coulis de tomate chaud.

VARIANTES

- Remplacer les feuilles de blette par des feuilles de chou.
- Remplacer les feuilles de blette par des feuilles de laitue.

POUNTI AUVERGNAT RAPIDE

Pour 6 personnes

- 300 g de vert de blette (les feuilles d'environ 8 branches)
- ½ botte de persil
- 250 g de lardons
- 250 g d'oignons
- 100 g de farine
- 3 gros œufs
- 25 cl de lait
- Sel et poivre
- 1/2 c. à café d'huile pour le moule
- 20 pruneaux

Laver les blettes et séparer les feuilles des côtes (les réserver pour une autre utilisation). Hacher finement les lardons crus, le vert des blettes, le persil et les oignons.
Dans un saladier, mélanger la farine et les œufs. Incorporer progressivement le lait. Ajouter enfin le hachis et mélanger jusqu'à obtention d'une pâte homogène. Saler et poivrer.
Verser cette préparation dans un moule à cake préalablement huilé et fariné. Enfoncer les pruneaux dans la préparation tout en les répartissant de façon homogène.
Faire cuire le pounti pendant 45 minutes environ, dans le four préchauffé à 180°C. Vérifier la cuisson en enfonçant la lame d'un couteau, elle doit ressortir propre. Servir avec une salade verte.

VARIANTES

- Remplacer les blettes par des épinards.
- Remplacer les blettes par des fanes de radis.

TOURTE TOSCANE AUX BLETTES

Pour 6 personnes

- 2 pâtes feuilletées (voir recette page 227)
- 1 kg de feuilles de blette
- 150 g de jambon de pays
- 400 g de ricotta
- 25 g de pignons de pin
- 4 œufs
- 3 ou 4 gousses d'ail
- 2 c. à soupe d'huile d'olive
- Sel et poivre

Préparer 2 pâtes feuilletées selon la recette page 227.
Laver les feuilles de blette et les plonger dans l'eau bouillante salée pendant 2 minutes. Égoutter et faire revenir dans l'huile avec l'ail pilé. Saler et poivrer.
Dans un saladier, écraser la ricotta et mélanger avec les œufs entiers. Incorporer les blettes et mélanger.
Abaisser une pâte feuilletée dans un moule de 25 cm. Répartir la farce sur toute la surface, puis le jambon coupé en dés et les pignons. Refermer avec la deuxième pâte feuilletée. Mouiller légèrement les bords des pâtes afin de les souder. Faire une cheminée de 2 cm de diamètre en insérant un rouleau de papier sulfurisé au milieu de la pâte. Faire cuire pendant 40 minutes dans le four préalablement chauffé à 180°C.

VARIANTES

- Remplacer les feuilles de blette par 1 kg d'épinards.
- Remplacer les feuilles de blette par 700 g de fanes de navet.
- Remplacer les feuilles de blette et la ricotta par 500 g de pourpier et 100 g de feta.

BLETTES COCO & CURRY

Pour 4 personnes

- 1 botte de 900 g de blettes (côtes et feuilles)
- 4 gousses d'ail
- Gingembre frais : l'équivalent d'une gousse d'ail (ou 2 c. à café de gingembre en poudre)
- 4 c. à soupe d'huile d'arachide ou de sésame
- 40 cl de crème de noix de coco, de crème fraîche ou de soja
- Piment d'Espelette (ou purée de piment)
- 2 à 3 c. à café de curry
- Sel et poivre
- 1 à 2 c. à soupe de chapelure (facultatif)

Laver et couper les blettes assez finement (1 cm environ). Peler et écraser l'ail et le gingembre.
Chauffer l'huile dans un *wok* ou une grande poêle. Ajouter les blettes, l'ail et le gingembre, et faire cuire à feu vif pendant 3 à 5 minutes.
Puis couvrir et continuer la cuisson à feu vif pendant 2 minutes.
Baisser le feu et laisser cuire à couvert pendant 8 à 10 minutes.
Enlever le couvercle, ajouter le reste des ingrédients (sauf la chapelure) et remettre à feu vif jusqu'à ébullition.
Si la sauce reste trop liquide, ajouter 1 ou 2 cuillères à soupe de chapelure 5 minutes avant la fin de la cuisson. Servir avec du riz ou du blé, ou avec un mélange des deux.
Il est possible de varier les temps de cuisson pour aboutir à des blettes légèrement croquantes ou fondantes, selon ses préférences. Ainsi que varier les quantités de curry et piment selon les goûts (les proportions indiquées ici donnent un plat relativement épicé).

VARIANTE

Remplacer les blettes par des fanes de navet.

BLETTES À L'ORIENTALE

Pour 4 personnes

- 500g de vert de blette
- 500g de viande hachée
- 150g d'oignons
- 140g de concentré de tomate
- 2 c. à soupe d'huile d'olive
- Piment (à volonté)
- 30 cl d'eau
- Sel et poivre
- 1 œuf (facultatif)
- 60g de parmesan ou gruyère

Laver et faire cuire le vert des blettes à la vapeur, pendant 10 minutes environ.
Peler et émincer les oignons. Les faire dorer dans une poêle avec l'huile. Ajouter la viande et faire cuire à feu vif pendant 5 minutes. Ajouter le concentré de tomate, le piment et l'eau. Laisser cuire encore pendant 5 minutes. Arrêter le feu et incorporer les blettes grossièrement hachées. Saler et poivrer. Il est possible d'ajouter 1 œuf pour lier le tout. Mettre la préparation dans un plat à gratin. Saupoudrer avec le fromage râpé et faire cuire dans le four préchauffé à 160°C pendant 20 à 30 minutes.

TOURTE SUCRÉE AUX BLETTES & AUX POMMES

Pour la pâte

- 500g de farine
- 200g de beurre
- 100g de sucre
- 2 œufs + 1 pour dorer la pâte
- 1 sachet de levure chimique
- 12 cl de lait (si besoin)
- 1 pincée de sel
- 1 citron

Pour la farce

- 1,7 kg de blettes (soit 600g de vert)
- 3 belles pommes
- 100g de raisins secs
- 100g de sucre
- 100g de pignons
- 4 c. à soupe de rhum
- 1 œuf
- Sucre glace pour décorer

La veille, mettre les raisins secs à tremper dans le rhum.
Laver et faire blanchir le vert des blettes (conserver les côtes pour

une autre préparation) 3 à 5 minutes dans l'eau bouillante.
Les égoutter entre les mains pour bien ôter toute l'eau. Les hacher finement.
Préparer la pâte. Ramollir le beurre. Sur le plan de travail, faire une couronne avec la farine et la levure. Au milieu, casser les œufs, ajouter le sel, le beurre mou, le sucre, la moitié du rhum dans lequel ont trempé les raisins et l'écorce du citron râpée. Si besoin, ajouter un peu de lait. Pétrir jusqu'à ce que la pâte soit bien lisse. Laisser reposer 1 heure au frais.
Mélanger le vert des blettes avec les raisins, le sucre de la farce, les pignons, le reste de rhum et l'œuf.
Séparer la pâte en deux. Étaler dans un plat la première moitié en débordant. Y mettre la farce. Tapisser toute la surface de la farce avec des tranches de pomme. Recouvrir avec la deuxième moitié de pâte. Ourler ensemble les bords, badigeonner avec 1 œuf battu et faire quelques entailles au couteau.
Mettre dans le four préalablement chauffé à 190°C pendant environ 35 minutes. Retirer du four et saupoudrer immédiatement de sucre glace. Laisser refroidir. Se mange froid.

VARIANTE

Remplacer le sucre de la farce par 100 g de confiture d'abricot.

Cardon

UN PEU DE BOTANIQUE

Cynara cardunculus, plante vigoureuse de la famille des Astéracées, tout comme les laitues, l'estragon, le tournesol, le topinambour et l'artichaut auquel il ressemble par son aspect (la fleur du cardon s'apparente fortement à un artichaut) et par son goût du fait de leur ancêtre commun, le chardon. Originaire des régions méditerranéennes, cultivé et très apprécié des Romains, le cardon est aujourd'hui surtout planté en Espagne, en Italie et en France (en particulier dans la région lyonnaise et en Savoie).

PROPRIÉTÉS

Excellente source d'éléments minéraux (magnésium, potassium, sodium, calcium) et très riche en fibres, le cardon contient aussi de la cynarine, un principe amer qui a un pouvoir dépurateur du foie. C'est pour cela que le cardon peut à la fois servir de légume de fête et d'après-fête. Dans certaines régions, il est d'ailleurs consommé traditionnellement pour le repas de Noël. Il aurait aussi des propriétés calmantes, rafraîchissantes et laxatives.

PÉRIODE DE RÉCOLTE

De novembre à décembre.

CONSERVATION

Deux semaines au réfrigérateur serré dans un linge. À la congélation, les côtes perdent de leur croquant. En revanche, elles se prêtent bien à une stérilisation en pot.

PARTIES COMESTIBLES
Les tiges ou côtes (après avoir été blanchies sur pied à l'abri de la lumière) et les fleurs.

UTILISATION
Les côtes, après une longue cuisson à l'eau citronnée pour éviter qu'elles ne s'oxydent, puis frites, en beignets, poêlées, en gratin, en sauce, en omelette, en couscous. Le cardon se marie très bien à la moelle de bœuf selon la spécialité lyonnaise.

RECETTE ALTERNATIVE
Le cardon peut remplacer l'ingrédient principal de la recette suivante :
◊ **Légumes d'automne à la marocaine**, page 92.

CRUMBLE DE CARDON AU JUS

Pour 4-6 personnes

- 550 g de cardons ou 1 cardon dont on ne garde que les plus belles tiges
- Le reste d'un jus de viande ou 20 cl de bouillon de veau (voir recette page 225)
- Eau citronnée pour le trempage
- Le jus d'1 citron
- 2 pincées de gros sel

Pour l'appareil à crumble

- 100 g de farine
- 100 g de beurre
- 1 pincée de sel

Sortir le beurre du réfrigérateur. Nettoyer les cardons et, si besoin, retirer les fils. Les couper en tronçons de 5 cm et les faire tremper dans de l'eau citronnée pour éviter le noircissement. Les faire cuire à la cocotte à petit feu entre 1 heure et 1 h 30, dans de l'eau avec le gros sel et un peu de jus de citron.
Pendant ce temps, préparer l'appareil à crumble en mélangeant la farine, le sel et le beurre coupé en morceaux jusqu'à obtenir une consistance sableuse.
Faire tiédir le bouillon de veau ou de viande. Bien égoutter les cardons, les répartir dans un plat à four beurré. Verser le bouillon sur les cardons. Répartir ensuite l'appareil à crumble sur les cardons et faire cuire dans le four préchauffé à 180°C pendant 20 minutes, jusqu'à ce que la croûte soit bien dorée.

CARDONS DE NOËL EN SAUCE D'AMANDES RECETTE ESPAGNOLE

Pour 4 personnes

- 550 g de cardons
- 50 g d'amandes en poudre
- 50 g de pignons en poudre
- 50 g d'oignons
- 3 gousses d'ail
- 4 brins de persil
- 100 g de jambon cru
- 1 c. à soupe de farine T80
- 3 c. à soupe d'huile d'olive
- ½ c. à soupe de jus de citron
- Sel
- 25 g de pain rassis (facultatif)
- 1 c. à soupe d'amandes effilées (facultatif)

Nettoyer les cardons et, si besoin, retirer les fils. Les couper en tronçons de 5 cm et les faire cuire à la cocotte pendant 1 heure avec 2 pincées de sel et un peu de jus de citron. Réserver l'eau de cuisson.
Dans une poêle, faire chauffer 2 cuillères d'huile et faire revenir les oignons émincés. Lorsqu'ils commencent à dorer, ajouter l'ail coupé fin, le persil ciselé et le jambon coupé en petits morceaux. Faire revenir pendant 1 minute.
Ajouter la farine et la faire brunir. Préparer un roux avec un peu d'eau de cuisson du cardon ; y ajouter les amandes, les pignons. Incorporer les cardons, mélanger et laisser cuire pendant 2 à 3 minutes. Saler, si besoin.
Si la sauce a trop épaissi, ajouter encore un peu de jus de cuisson.
Couper le pain en dés et les faire griller dans une poêle avec un fond d'huile.
Servir les cardons accompagnés de quelques croûtons et d'amandes effilées.

VARIANTE

Remplacer les cardons par 900 g de blettes (côtes et vert) cuites pendant 8 minutes dans l'eau bouillante.

Carotte

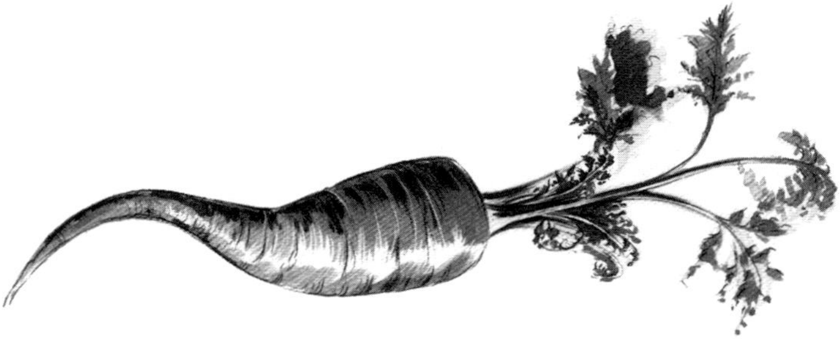

UN PEU DE BOTANIQUE

Daucus carota, de la famille des Apiacées comme le céleri, le fenouil, le panais ou le persil. Son ancêtre sauvage, originaire d'Iran, était amer et fibreux, ce qui explique que, bien que connue depuis longtemps, sa consommation a d'abord été marginale. En revanche, elle était déjà très appréciée pour ses propriétés médicinales. Il en existe différentes variétés : jaunes, blanches, rouges, violettes ou oranges. Ces dernières sont aujourd'hui les plus cultivées, mais elles sont nées d'un croisement entre des rouges et des blanches réalisé au XVIe siècle par des Hollandais pour montrer leur fidélité à la Maison d'Orange.

PROPRIÉTÉS

Riche en carotène (d'autant plus que la couleur de la carotte est foncée), en vitamines (provitamine A, vitamine A, C et B), en minéraux et en oligo-élements (calcium, magnésium, potassium et fer). Elle a des propriétés antioxydantes et diurétiques. Très riche en fibres, elle facilite le transit intestinal. La médecine populaire l'utilise pour le traitement des maladies cardiovasculaires et intestinales, l'anémie et l'arthrite.

PÉRIODE DE RÉCOLTE

De mai à juillet pour une récolte primeur ; d'août à décembre pour les carottes de conservation.

CONSERVATION

Les racines se conservent dans le sable pendant quelques mois dans un endroit frais et sec. Deux semaines au réfrigérateur dans un linge humide. Les feuilles, séparées des racines (pour ne pas épuiser ces dernières), se conservent 2 jours au réfrigérateur. Il est possible de congeler les feuilles crues hachées et les racines blanchies quelques secondes dans l'eau bouillante puis glacées pour arrêter la cuisson.

PARTIES COMESTIBLES

La racine, les feuilles, les fleurs (spécialité portugaise en confiture) et les graines germées.

UTILISATION

Les feuilles les plus fraîches crues en salade, les autres cuites en bouillon, soupe, tarte, flan, galette. Les racines crues (brossées sans les éplucher afin de conserver les vitamines qui se trouvent dans la peau) en bâtonnets à croquer, râpées en salade ; cuites dans les potées, soupes, purées, à la vapeur, à l'étouffée, glacées. Se prêtent bien aux gâteaux, sorbets et jus.

RECETTES ALTERNATIVES

La carotte peut remplacer l'ingrédient principal des recettes suivantes :

◊ **Criques de panais**, page 157.
◊ **Soupe froide aux fanes & au lait de coco**, page 196.

VELOUTÉ DE CAROTTES AU CUMIN

Pour 6 personnes

- 1 kg de carottes
- 160 g de pommes de terre
- 150 g d'oignons
- 75 cl d'eau
- 20 g de beurre
- 2 c. à café de curry
- 3 c. à café de cumin + 1 c. à café pour la décoration
- 1 pincée de sel
- 20 cl de crème fraîche

Peler et couper les oignons en petits morceaux. Faire fondre le beurre dans une cocotte et faire dorer les oignons.
Pendant ce temps, peler et couper les carottes et les pommes de terre en morceaux. Mettre tous les ingrédients, sauf la crème fraîche, dans la cocotte et laisser cuire de 15 à 20 minutes. Une fois que les légumes sont cuits, mixer le tout, ajouter la crème, saler si besoin et servir. Saupoudrer de quelques pincées de cumin moulu pour décorer l'assiette.

PURÉE DE CAROTTES À L'ORANGE

Pour 4 personnes

- 650 g de carottes
- 150 g d'oignons
- 1 c. à café d'huile de colza
- 15 cl de bouillon de légumes (voir recette page 224)
- Le zeste d'1 orange bio
- 10 cl de jus d'orange (environ 2 oranges)
- Sel et poivre de Cayenne
- 3 c. à soupe de graines de courge ou de tournesol
- 4 c. à soupe de crème fraîche épaisse

Laver, brosser et couper les carottes en fines lamelles.
Peler et hacher les oignons, les faire revenir dans l'huile jusqu'à ce qu'ils soient translucides. Ajouter alors les carottes et laisser cuire pendant 2 à 3 minutes, tout en remuant.
Déglacer avec le bouillon de légumes, couvrir, porter à ébullition et laisser cuire pendant environ 15 minutes. Mixer les légumes jusqu'à obtenir la consistance d'une purée fluide, à mi-chemin entre la purée et la soupe épaisse.
Laver et râper le zeste d'1 orange. Presser le jus de 2 oranges. Ajouter le jus et le zeste à la soupe, mélanger et chauffer. Saler et poivrer.
Dans une poêle, faire griller à sec les graines de courge. Juste avant de servir, ajouter un peu de crème et quelques graines sur chaque assiette.

MUFFINS AUX CAROTTES & À LA POLENTA

Pour 4-6 personnes

- 200 g de carottes
- 100 g de polenta précuite
- 100 g de farine
- 60 g de parmesan ou de comté râpé
- 1 œuf
- 20 cl de lait
- ½ c. à café de bicarbonate de soude
- 1 c. à soupe de levure chimique
- 5 c. à soupe d'huile d'olive
- ½ c. à café de cumin
- 1 pincée de sel
- 6 g de beurre pour les moules

Dans un saladier, mélanger la farine, la polenta, le parmesan, la levure, le bicarbonate, le cumin et le sel. Dans un bol, battre le lait avec l'œuf et l'huile, et mélanger aux autres ingrédients.
Râper les carottes brossées et les incorporer au mélange.
Verser dans des moules à muffins beurrés, faire cuire dans le four préchauffé à 225°C, à mi-hauteur, pendant 20 à 25 minutes environ. Surveiller la cuisson.
Il est possible d'utiliser un moule à cake, dans ce cas prévoir un peu plus de temps pour la cuisson.

TARTE AUX FANES DE CAROTTE

Pour 6 personnes

- 1 pâte brisée (voir recette page 227)
- 3 œufs
- 350 g de fanes fraîches de carotte
- 25 cl de lait
- 10 cl de crème fraîche ou de crème de soja
- 20 g de gruyère
- 20 g de fromage de brebis frais
- Sel et poivre

Laver et hacher finement les fanes de carotte. Ne pas garder le bas de la tige si elle est trop ligneuse.
Préparer une pâte à tarte brisée en suivant la recette page 227.

Dans un saladier, mélanger les œufs, le lait, la crème, le sel, le poivre et le fromage de brebis. Incorporer les fanes et les mélanger à l'appareil. Disposer cette préparation sur la pâte et parsemer avec le gruyère. Faire cuire environ 20 à 30 minutes dans le four préchauffé à 200°C.

VARIANTE

Remplacer les fanes de carotte par des fanes de radis.

TARTE AUX CAROTTES RÂPÉES & AU CERFEUIL

Pour 6 personnes

- 1 pâte feuilletée (voir recette page 227)
- 300 g de carottes
- 100 g d'oignons
- 1 orange bio
- 4 œufs
- 15 cl de crème fraîche
- 1 c. à café d'huile de tournesol
- 1 c. à café de sucre
- Sel et poivre
- Cerfeuil

Laver, brosser et râper les carottes. Faire revenir les carottes râpées et les oignons émincés dans l'huile pendant 3 minutes à feu vif. Mouiller avec 5 cl d'eau. Couvrir et faire cuire à feu moyen pendant 10 minutes. Râper le zeste de l'orange et la presser. Battre 2 œufs entiers, 2 jaunes et le jus de l'orange. Ajouter la crème fraîche, le sucre, le sel, le poivre et le cerfeuil.

Préparer une pâte feuilletée (voir recette page 227) et l'étaler sur un moule. Répartir les carottes sur le fond de la tarte. Couvrir avec la préparation et faire cuire dans le four préchauffé à 180°C pendant 30 minutes.

CAROTTES AUX LENTILLES CORAIL

Pour 4 personnes
- 150 g d'oignons ou 2 échalotes
- 400 g de carottes
- 15 g de curcuma frais râpé
- 225 g de semoule de blé
- 1 c. à soupe de raisins de Corinthe
- 1 c. à café d'huile d'olive
- ½ c. à café de graines de pavot
- 250 g de lentilles corail
- Sarriette ou sauge (selon disponibilité)
- Sel

Peler, émincer et faire revenir les oignons avec l'huile dans une cocotte. Lorsqu'ils sont blonds, ajouter les carottes préalablement lavées et coupées en rondelles et le curcuma frais râpé. Mouiller légèrement et faire cuire à feu doux, en remuant régulièrement.
Pendant ce temps, mettre dans une autre casserole les lentilles corail et les herbes. Couvrir d'eau, saler, et faire cuire environ 15 minutes. Lorsque les carottes sont tendres (prévoir au moins 20 minutes), hors du feu, ajouter la semoule, les raisins de Corinthe et les graines de pavot. Ajouter autant d'eau bouillante que le volume de semoule. Laisser gonfler la semoule pendant 5 minutes. Servir en ajoutant, dans l'assiette, les lentilles corail.

CAROTTES À L'ASIATIQUE

Pour 4 personnes
- 550 g de carottes
- 4 gousses d'ail (facultatif)
- 3 oignons nouveaux
- 1 c. à soupe d'huile de tournesol
- 1 c. à soupe d'huile de sésame
- 2 c. de soupe de graines de sésame grillées à sec
- 1 c. à soupe sauce soja
- 1 escalope de veau ou de poulet

Laver et brosser les carottes. Les râper avec une râpe moyenne. Faire blondir les oignons (réserver le vert) dans l'huile de tournesol, ajouter les carottes et laisser réduire à feu doux pendant 10 à 15 minutes. Elles doivent rester *al dente*.

Assaisonner avec les graines de sésame grillées à sec et la sauce soja.
Pendant ce temps, détailler une escalope de veau ou de poulet en lanières, les faire sauter rapidement à la poêle.
Mélanger la viande et les carottes. Servir saupoudré de vert d'oignon et d'un trait d'huile de sésame (facultatif mais toujours après la cuisson).

VARIANTES

• Le vert des oignons peut être remplacé par quelques brins de coriandre fraîche.

• Remplacer les carottes et les graines de sésame grillées par 3 poivrons (rouge, jaune et vert) et une demi-botte de coriandre ciselée et ajoutée au dernier moment.

CAKE LÉGER AUX CAROTTES & AUX FLOCONS D'AVOINE

Pour 6-8 personnes

- 400 g de carottes
- 1 pomme acidulée (environ 200 g)
- 80 g de flocons d'avoine
- 160 g de farine
- 80 g de lait
- 100 g de poudre d'amande ou de noix
- 70 g de cassonade
- ½ c. à café de cannelle en poudre
- 1 c. à café de bicarbonate de soude
- 2 gros œufs
- Sucre glace pour décorer
- 4 g de beurre pour le moule

Dans un petit saladier, mélanger les flocons d'avoine et le lait.
Les laisser reposer 15 à 30 minutes pour qu'ils ramollissent.
Éplucher les carottes et la pomme, les couper en morceaux.
À l'aide d'un robot, mixer les morceaux de pomme et de carotte.
Ajouter tous les autres ingrédients et mixer à nouveau.
Verser la préparation dans un moule à cake légèrement beurré et faire cuire dans le four préchauffé à 190°C pendant 30 à 35 minutes.
Saupoudrer le cake de sucre glace à la sortie du four.

Céleri

UN PEU DE BOTANIQUE

Apium graveolens, ou « persil des marais », de la famille des Apiacées comme la carotte, le fenouil, le panais ou le persil. Il en existe plusieurs variétés cultivées pour leurs côtes ou tiges charnues (céleri branche), pour leur racine (céleri-rave) ou pour leurs feuilles (céleri à couper). Le céleri serait originaire du bassin méditerranéen, plus précisément des marécages salins qui bordent la Méditerranée, où il était utilisé surtout comme aromate pour ses feuilles. Il faut attendre le XVIIe siècle pour voir apparaître la plante actuelle avec de belles côtes et pour une utilisation en tant que légume.

PROPRIÉTÉS

Contient beaucoup de vitamines (B, E, C et A), des minéraux (magnésium, potassium, fer, phosphore, calcium, zinc et sodium). Riche en fibres, il facilite le transit intestinal et permet de combattre la paresse intestinale. Le céleri a des vertus dépuratives, diurétiques, digestives et stimulantes, par exemple en cas d'anémie. Il permet de renforcer le système immunitaire et de prévenir les infections virales respiratoires.

PÉRIODE DE RÉCOLTE

D'août à novembre pour le céleri branche ; de septembre à décembre pour le céleri-rave.

CONSERVATION

Le céleri branche se conserve quelques jours en laissant tremper la base des tiges dans l'eau froide salée, ou au réfrigérateur enveloppé d'un torchon humidifié pour qu'il ne flétrisse pas. Le céleri-rave peut se conserver 2 semaines au réfrigérateur mais il aura tendance à se déshydrater. Les deux se congèlent crus ou blanchis pendant quelques minutes. Les feuilles gardent très bien leur arôme après avoir été séchées sur un grillage ou suspendues dans un endroit sec et sombre. On peut alors les réduire en poudre, pour en aromatiser et décorer soupes, gratins, riz, etc.

PARTIES COMESTIBLES

Les feuilles, les tiges (ou côtes), la racine tubérisée du céleri-rave et les graines sèches ou germées.

UTILISATION

Utilisé comme condiment et comme légume. Les feuilles, au goût plus prononcé que les côtes, s'utilisent ciselées crues pour agrémenter salades et sauces ; crues ou cuites pour aromatiser et relever tout type de plats (en particulier soupes, œufs, tartes, bouillons). Les côtes se consomment cuites de façon similaire aux côtes de blette (sautées, en sauce blanche ou à la crème, ou bien en gratin mais aussi en soupe, potage, pot-au-feu, quiche) ; ou crues, coupées finement dans les salades ou en bâtonnets à croquer. La racine du céleri-rave, à la saveur un peu piquante, se consomme crue, râpée ou coupée en tranches, ou cuite, en gratin, soupe, potage, ragoût, couscous, pot-au-feu, purée, sautée, frite, à la vapeur. Les graines sont utilisées pour parfumer le poisson, le chou-fleur et le sel. Elles peuvent remplacer le sésame ou le pavot. Il est conseillé de les faire griller à sec pour augmenter leur saveur. Les côtes et les épluchures sont parfois ajoutées au bouquet garni.

RECETTES ALTERNATIVES

Le céleri peut remplacer l'ingrédient principal des recettes suivantes :

◊ **Galettes de verdure**, page 143.
◊ **Hachis au panais**, page 158.
◊ **Galettes de pâtisson à la feta**, page 161.

GRATIN DE CÉLERI AUX POMMES

Pour 4 personnes

- 300 g de céleri branche
- 300 g de céleri-rave
- 3 pommes (type reinette)
- 3 œufs
- 25 cl de crème d'avoine ou de crème fraîche
- Noix de muscade (facultatif)
- Sel et poivre
- 170 g de fromage (type comté ou mimolette)
- 1 noix de beurre

Laver le céleri branche et le couper en bâtonnets. Peler et couper le céleri-rave en cubes. Faire cuire, dans une casserole d'eau bouillante et salée, le céleri-rave pendant au moins 15 minutes. Puis ajouter le céleri branche et laisser cuire 10 minutes supplémentaires. Égoutter et réserver.

Peler les pommes, les détailler en lamelles et les faire revenir dans une poêle avec du beurre.

Dans un saladier, battre les œufs, la crème, le sel, le poivre et la noix de muscade fraîchement râpée.

Mettre dans un plat à gratin le mélange de céleris et pommes. Couvrir avec la préparation aux œufs. Ajouter le fromage découpé en fines lamelles à l'aide d'un couteau économe, et faire cuire dans le four préchauffé à 200°C, pendant 30 minutes. Servir chaud.

VARIANTE

Ce gratin peut aussi être préparé avec un seul type de céleri : 600 g de céleri branche ou de céleri-rave.

POTÉE D'HIVER DU JARDIN

Pour 6-8 personnes

- 5 branches de céleri et leurs feuilles
- 800 g de céleri-rave
- 700 g de chou
- 450 g de pommes de terre
- 500 g de carottes
- 3 poireaux
- 150 g d'oignons
- 100 g de poitrine de porc salée
- 3 ou 4 baies de genièvre
- 3 ou 4 grains de poivre noir
- 1 feuille de laurier
- 1 c. à soupe d'herbes de Provence ou de thym
- Sel
- 50 cl de bouillon de légumes ou de veau (voir recettes pages 224 et 225)

Éplucher et couper les légumes en gros cubes.
Couper la poitrine en cubes. Dans une cocotte, faire revenir les morceaux de poitrine, à feu moyen. Réserver.
Faire revenir les oignons dans la graisse de la poitrine. Quand les oignons commencent à être translucides, ajouter tous les légumes, sauf les pommes de terre, dans cet ordre : les carottes, le céleri branche, le céleri-rave, les poireaux, le chou ébouillanté au préalable et coupé en quartiers.
Mouiller de bouillon chaud ou simplement d'un bon demi-litre d'eau bouillante. Ajouter le sel, le poivre en grains, les baies de genièvre, la feuille de laurier, les herbes de Provence ou le thym. Laisser mijoter à couvert une petite heure.
Ajouter les pommes de terre seulement 15 à 20 minutes avant la fin de la cuisson, sinon elles ont tendance à s'écraser. Servir chaud.

VARIANTE

À la place de la poitrine de porc : du gras et grillons de canard qui resteraient d'une recette précédente, genre confit.

VELOUTÉ BLANC & VERT DE CÉLERI-RAVE

Pour 4 personnes

- 600 g de céleri-rave
- 150 g de pommes de terre
- 150 g d'oignons
- 2 gousses d'ail
- 10 cl de crème fraîche ou de crème de soja
- 2 c. à soupe d'huile d'olive
- 75 cl d'eau
- Sel et poivre

Pour la sauce verte aux feuilles de céleri-rave

- 60 g de feuilles de céleri-rave (sans la tige)
- 8 cl d'huile d'olive
- 1 gousse d'ail
- 30 g de parmesan
- 20 g d'amandes en poudre
- Sel

Éplucher le céleri et les pommes de terre et les couper en dés.
Peler l'ail et les oignons et les émincer. Les faire revenir dans un autocuiseur avec l'huile. Ajouter le céleri, les pommes de terre et l'eau. Après le sifflement, laisser cuire 10 minutes (dans une cocotte normale, prévoir 25 minutes de cuisson).
Pour préparer la sauce aux feuilles de céleri-rave : mixer finement les feuilles et l'ail pelé. Ajouter l'huile, le sel et mixer à nouveau.
Mélanger avec le parmesan et la poudre d'amande.
Mixer la soupe finement. Ajouter la crème, bien mélanger. Saler et poivrer. Servir ce velouté bien chaud, décoré d'une feuille de céleri ou d'1 cuillère à café de sauce aux fanes de céleri-rave par assiette.

SALADE D'HIVER AU COMBAVA

CRU

Le combava est un petit citron vert ridé très utilisé à la Réunion et en Asie du Sud-Est et que l'on peut trouver dans les épiceries proposant des produits exotiques.

Pour 4-6 personnes

- 250 g de betteraves rouges
- 350 g de carottes
- 150 g de radis noirs
- 350 g de céleri-rave
- 1 combava frais
- 1,5 c. à café de moutarde
- 6 c. à soupe d'huile de tournesol
- 1 c. à soupe d'eau
- Sel et poivre
- 2 c. à soupe de graines germées au choix (facultatif)

Peler les betteraves, les carottes, les radis noirs et le céleri-rave.
Les râper à la grille fine, tous crus. Râper le zeste du combava puis le presser en retirant les nombreux pépins. Réserver le jus pour la sauce.
Dans un bol, mélanger la moutarde et le jus de combava. Saler et poivrer, ajouter l'huile petit à petit. Finir avec la cuillère à soupe d'eau. Bien mélanger.
Verser la sauce sur les légumes râpés et mélanger soigneusement.
Au moment de servir, décorer avec les graines germées.

TARTE AU CÉLERI-RAVE

Pour 6 personnes

- 1 pâte à tarte à l'huile d'olive et aux graines de pavot (voir recette page 228)
- 500 g de céleri-rave
- 150 g de fromage de chèvre frais
- 1 c. à soupe de crème fraîche
- 3 œufs
- 1 c. à soupe de pâte d'anchois ou de tapenade
- Sel

Peler, couper et faire cuire le céleri-rave. Puis l'écraser en purée.
Dans un saladier, mélanger le fromage de chèvre, la crème et les œufs.
Ajouter la purée de céleri-rave. Saler.
Préparer une pâte à tarte à l'huile d'olive et aux graines de pavot en suivant la recette page 228. L'étaler sur un moule à tarte. Répartir sur la surface la cuillère à soupe de pâte d'anchois et verser par-dessus la purée de céleri-rave.
Faire cuire dans le four préchauffé à 200°C pendant 30 minutes.

HACHIS PARMENTIER DE CÉLERI-RAVE

Pour 4-6 personnes

- 400 g de pommes de terre
- 500 g de céleri-rave
- 1 poireau
- 300 g de navets
- 175 g de carottes
- 2 branches de céleri et leurs feuilles
- 230 g d'oignons
- 2 gousses d'ail
- 2 c. à soupe de sauce soja
- Quelques branches de persil
- 1 tranche de pain
- 2 c. à soupe d'huile d'olive
- 10 cl de lait
- Sel et poivre

Hacher au couteau, ou mixer grossièrement à l'aide d'un robot, les légumes épluchés (navets, carottes, céleri branche, oignons, poireau, ail).
Dans une poêle, faire chauffer l'huile et faire revenir à feu vif le hachis de légumes pendant 5 minutes, sans cesser de remuer. Réduire le feu et faire cuire encore 15 minutes les légumes dans leur jus. Saler et poivrer généreusement.
Pendant ce temps, peler les pommes de terre et le céleri-rave. Les couper en morceaux et les faire cuire à l'eau bouillante salée pendant 20 minutes. Égoutter et écraser à la fourchette ou au presse-purée avec un peu de lait, du sel et du poivre.
Dans le robot, mixer le pain et le persil. Arrêter le feu sous le hachis de légumes lorsqu'ils sont cuits mais encore un peu fermes, et ajouter la sauce soja, puis le mélange persil et pain.
Dans un plat à gratin, déposer en couches le hachis de légumes, puis la purée de pommes de terre et céleri-rave. Introduire dans le four préchauffé à 180 °C et faire cuire pendant 30 minutes.

VARIANTES

- Remplacer le hachis de légumes par 500 g de viande hachée et 1 gros oignon.
- Remplacer le céleri-rave par du topinambour.
- Remplacer le céleri-rave par du panais.

Chou

UN PEU DE BOTANIQUE

Brassica oleracea, de la famille des Brassicacées comme le navet, le radis, la roquette ou le rutabaga. Il en existe de nombreuses variétés, provenant toutes d'un même ancêtre mais très différentes selon qu'on a voulu développer des feuilles lisses ou frisées (chou blanc, vert, rouge, chinois, de Bruxelles, de Milan), les fleurs (chou-fleur, brocoli, romanesco) ou les tiges (chou-rave).

PROPRIÉTÉS

Riche en sels minéraux (soufre en grande quantité, calcium et iode) et en vitamines (en particulier C et B9 ou acide folique). Le soufre contenu dans le chou est un oligoélément aux importantes propriétés antibactériennes et désintoxicantes, mais il peut être indigeste. Pour éviter les problèmes digestifs, toujours blanchir le chou quelques minutes avec un grand volume d'eau bouillante et à découvert, l'égoutter et poursuivre la cuisson en suivant les instructions de la recette. Le chou aurait un effet calmant (antalgique et anti-inflammatoire) et il soulage les douleurs articulaires.

PÉRIODE DE RÉCOLTE

De mai à mi-juillet pour les choux de printemps et fleurs (sous serre) ; d'octobre à mars pour les choux d'hiver ; de juillet à novembre pour les choux-raves.

CONSERVATION
Les choux pommés et les choux-raves se conservent quelques semaines au réfrigérateur, seulement 4 à 5 jours pour les brocolis ou choux-fleurs. Les variétés de conservation peuvent passer l'hiver dans une cave fraîche à l'abri de la lumière. Ils peuvent se congeler après blanchiment mais la lactofermentation permet, en plus de les conserver, de doubler leur teneur en vitamine C, comme le savent les amateurs de choucroute.

PARTIES COMESTIBLES
Les feuilles (en particulier celles des choux pommés mais aussi celles des autres variétés), les inflorescences (chou-fleur, brocoli), les tiges bulbeuses (choux-raves), la racine conique et allongée (choux-navets comme le rutabaga) et les graines germées. Les cœurs de chou et les trognons sont aussi riches en nutriments et se consomment cuits, finement émincés, ou comme ingrédient d'un bouillon.

UTILISATION
Les feuilles crues en salade ou cuites à la vapeur, braisées, en soupe, potée ou purée. Le chou pommé se farcit entier et les feuilles s'utilisent comme des feuilles de vigne, pour des farcis roulés ou pour des papillotes de poisson. Les fleurs : crues râpées ou à croquer telles quelles ; cuites (de préférence *al dente* pour conserver leurs propriétés), à la vapeur, poêlées, en beignets, gratin, soupe, purée. Les tiges bulbeuses du chou-rave : crues râpées ou à croquer ; cuites en frites, purée, gratin, soupe. Si, lors de la cuisson, le chou commence à dégager une odeur sulfureuse, c'est qu'il a trop cuit. Pour atténuer cette odeur, diminuer le temps de cuisson et faire blanchir au préalable le chou dans une grande quantité d'eau avec une branche de céleri.

RECETTES ALTERNATIVES
Le chou peut remplacer l'ingrédient principal des recettes suivantes :
◊ **Rouleaux aux blettes**, page 37.
◊ **Brocolis en verrine**, page 63.
◊ **Criques de panais**, page 157.

BROCOLIS EN VERRINE

Pour 4 personnes

- 500 g de brocoli
- 1 gousse d'ail
- 200 g de tofu soyeux (mou)
- Sel et poivre
- 1 pincée de noix de muscade fraîchement râpée
- 3 pincées de curcuma en poudre ou 1 poignée de graines germées (par exemple de chou rouge ou de betterave)

Laver et découper le brocoli en fleurettes et détailler le trognon en fines lamelles. Cuire à l'étouffée (à feu doux et à couvert) avec l'ail écrasé, un peu de sel et 1 cuillère à soupe d'eau pendant 15 à 20 minutes. Une fois les brocolis bien tendres, et hors du feu, ajouter le tofu soyeux, le poivre, la noix de muscade et le curcuma. Mixer l'ensemble.
Placer dans des verrines et laisser au réfrigérateur quelques heures avant de servir. À la dernière minute, parsemer d'un peu de curcuma ou de quelques graines germées pour décorer.

VARIANTES

Remplacer le brocoli par du chou-rave ou par du panais.

JOLIE TARTE AUX BROCOLIS

Pour 6 personnes

- 1 pâte brisée à l'huile d'olive et aux graines de pavot (voir recette page 228)
- 250 g de brocoli
- 150 g de tomates cerises
- 125 g de mozzarella
- 3 œufs
- 20 cl de crème d'avoine
- Sel et poivre

Préparer une pâte à l'huile d'olive et aux graines de pavot en suivant la recette de la page 228.
Laver et découper le brocoli en fleurettes et détailler le trognon en

fines lamelles. Blanchir 5 minutes à l'eau bouillante salée et égoutter. Rincer, équeuter et égoutter les tomates cerises. Détailler la mozzarella en petits dés. Battre les œufs en omelette avec la crème d'avoine. Saler et poivrer.
Dans un moule à tarte, étaler la pâte et la garnir, de façon homogène, avec le brocoli, les tomates cerises et la mozzarella. Couvrir avec le mélange œufs-crème. Mettre dans le four préalablement préchauffé à 200°C pendant environ 30 minutes (surveiller la cuisson).

VARIANTE

Remplacer le brocoli par 2 poivrons verts coupés en petits morceaux.

PÂTES AUX BROCOLIS & AUX ANCHOIS

Pour 4 personnes

- 900 g de brocoli
- 4 gousses d'ail
- 1 petit pot d'anchois à l'huile (environ 170 à 200 g)
- 400 g de pâtes fraîches
- Sel
- Piment (selon votre goût)
- 100 g de parmesan (facultatif)

Laver et découper le brocoli en fleurettes et détailler le trognon en fines lamelles. Faire bouillir le brocoli dans une grande quantité d'eau bouillante avec un peu de sel pendant 10 minutes, ou seulement 7 minutes pour un brocoli croquant. Enlever le brocoli et garder l'eau de cuisson pour faire cuire les pâtes, en suivant le temps de cuisson du fabricant.
Dans une grande poêle, verser l'huile des anchois et y faire dorer l'ail pelé et émincé. Ajouter les anchois, les écraser jusqu'à ce qu'ils soient fondus. Ajouter le brocoli et le piment. Bien mélanger et faire cuire à feu moyen pendant 5 minutes.
Mélanger les pâtes cuites *al dente* au brocoli. Servir aussitôt.
Il est possible d'accompagner ces pâtes d'un peu de parmesan.

VARIANTE

Remplacer le brocoli par des aubergines en rondelles, cuites à la vapeur.

CHOU FRISÉ

CASSOLETTES DE CHOU À L'AUVERGNATE

Pour 6 personnes

- 1 chou vert frisé (environ 650 g)
- 200 g de cantal jeune
- 3 œufs
- 50 cl de bouillon de légumes (voir recette page 224)
- 20 cl de lait
- 15 g de beurre + 6 g pour les moules
- 1 gousse d'ail
- ½ c. à café de noix de muscade en poudre
- Sel et poivre

Laver et émincer grossièrement le chou. Porter à ébullition le bouillon de légumes dilué dans l'eau et faire cuire le chou pendant 25 minutes. Bien égoutter le chou et réserver le bouillon pour une soupe.
Dans un grand saladier, fouetter les œufs avec le lait. Saler, poivrer, ajouter la noix de muscade, puis ajouter le chou, l'ail et mixer le tout. Incorporer la moitié du cantal râpé et l'autre moitié coupée en dés. Mélanger.
Beurrer des ramequins et verser la préparation. Parsemer de quelques noisettes de beurre et faire cuire, dans le four préchauffé à 180 °C pendant 15 minutes environ.

FLAN AU CHOU & BEAUFORT

Pour 4-6 personnes

- 500 g de chou vert
- 90 g de beaufort râpé
- 4 gros œufs
- 30 cl de lait
- 10 cl crème
- 40 g de beurre + 5 g pour beurrer le moule
- 1 c. à café de coriandre en poudre ou de noix de muscade
- Sel et poivre

Laver et émincer finement le chou. Dans une poêle, à feu moyen, faire fondre 40 g de beurre et ajouter le chou. Laisser dorer 5 minutes, puis

couvrir et laisser cuire 15 minutes à feu doux.
Dans un saladier, fouetter les œufs et le lait. Ajouter la crème, le beaufort, le sel, le poivre et la coriandre, ou la noix de muscade. Mélanger le tout.
Beurrer un moule allant au four avec les 5 g de beurre restants. Répartir le chou sur le fond du moule. Couvrir avec la préparation aux œufs et faire cuire, dans le four préchauffé à 180 °C, pendant 35 à 40 minutes. Servir avec une salade verte.

CHOU À LA BOHÉMIENNE

Pour 6 personnes

- 1 kg de chou pommé
- 1 gros poivron vert, rouge ou orange
- 325 g de tomates
- 400 g d'oignons
- 1 verre de riz complet (environ 110 g)
- 3 verres d'eau
- 2 c. à soupe d'huile d'olive
- 2 c. à café de paprika doux
- 2 branches de thym
- 5 g de beurre pour le moule
- 12 olives noires
- Sel et poivre

Faire cuire séparément le riz avec 3 verres d'eau salée pendant 30 minutes et laisser reposer 30 minutes.
Couper le chou de façon à garder le cœur entier et détailler les autres feuilles en lanières en émincant les côtes. Faire cuire 30 minutes à l'étouffée et saler. Si le cœur comporte un gros tronc, le faire cuire à part dans l'eau bouillante salée 15 minutes.
Faire blondir, dans l'huile, les oignons coupés en quartiers, le poivron en lanières et les tomates en gros cubes avec le thym et le paprika. Couvrir et poursuivre la cuisson pendant 20 minutes à feu doux. Saler. Mettre de côté le cœur du chou et quelques lanières de poivrons. Mélanger le reste de légumes avec le riz et bien tasser dans un moule en couronne beurré.
Démouler, placer le cœur de chou au centre de la couronne, décorer avec les lanières de poivrons et les olives.

LASAGNES AU CHOU FRISÉ

Pour 4-6 personnes

- 600 g de chou frisé
- 250 g de plaques de lasagnes
- 75 g de parmesan râpé
- 150 g d'oignons
- 1 gousse d'ail
- 1 œuf (facultatif)
- 1 c. à café de cumin moulu
- 10 cl de vin blanc
- 2 c. à soupe d'huile d'olive
- 300 g de sauce tomate maison (voir recette page 230)
- Facultatif : ajouter à la sauce tomate 200 g de lardons ou de la viande hachée
- Sel et poivre

Pour la sauce béchamel

- 40 g de beurre ou de beurre clarifié (voir recette page 223)
- 40 g de farine
- 75 cl d'eau de cuisson du chou (ou moitié eau de cuisson, moitié lait)
- Sel et poivre

Enlever les feuilles du chou une à une, les laver et les faire blanchir quelques minutes dans l'eau bouillante salée (elles doivent être tendres mais rester entières). Rincer à l'eau froide et égoutter. Réserver l'eau de cuisson du chou pour préparer une béchamel légère.
Dans un peu d'huile chaude, faire revenir l'ail et les oignons émincés. Lorsque les oignons sont translucides, ajouter les lardons (préalablement revenus dans une poêle) ou la viande encore crue. Laisser à feu vif pendant 2 à 3 minutes. Ajouter le vin et le cumin. Puis la sauce tomate. Laisser réduire pendant 15 minutes à feu moyen. Saler et poivrer.
Hors du feu, ajouter l'œuf et bien mélanger avec la sauce.
Pendant ce temps, avec l'eau de cuisson du chou (ou un mélange d'eau de cuisson et de lait pour obtenir une consistance plus crémeuse), préparer une béchamel légère (ni trop liquide, ni trop épaisse).
Faire fondre le beurre, ajouter la farine et remuer. Quand le mélange commence à brunir, ajouter peu à peu le liquide en fouettant énergiquement pour éviter les grumeaux. Laisser épaissir à feu doux.
Saler et poivrer.
Dans un plat allant au four, alterner une couche de sauce tomate, une couche de plaques de lasagnes, une couche de chou, une couche de béchamel. Répéter jusqu'à épuisement des ingrédients.
Parsemer de parmesan râpé et mettre au four préchauffé à 190 °C pendant 30 minutes.

VARIANTE

Remplacer le chou par 900 g de courgettes.

CHOU CHINOIS AU WOK

Pour 4 personnes

- ½ chou chinois (ou 1 chou entier s'il est petit)
- 2 oignons blancs frais
- 4 œufs
- 2 c. à soupe de sauce soja
- 1 c. à soupe d'huile de tournesol
- 1 belle gousse d'ail
- ½ c. à café de gingembre râpé
- 1 c. à café de coriandre moulue
- 20 cl d'eau
- Sel et poivre du Sichuan

Couper le chou en deux dans le sens de la longueur, puis en lanières d'1 cm d'épaisseur. Le laver et l'égoutter.
Dans un *wok* ou à défaut une sauteuse, faire revenir les oignons émincés (réserver un peu de vert pour la décoration) avec l'huile. Surveiller la cuisson des oignons jusqu'à ce qu'ils deviennent translucides, ils ne doivent pas brunir.
Ajouter le gingembre fraîchement râpé, la coriandre moulue, l'ail, la sauce soja et le chou. Mélanger le tout et ajouter l'eau. Couvrir et laisser cuire à feu vif pendant 5 à 7 minutes.
Enlever le couvercle et laisser cuire à découvert pendant 2 minutes et ôter le surplus de liquide, si nécessaire. Pendant ce temps, battre les œufs en omelette. Il n'est pas nécessaire de les saler ni les poivrer.
Ajouter les œufs au chou et mélanger vivement pendant 1 à 2 minutes jusqu'à ce que les œufs coagulent en se mêlant au chou. Vérifier l'assaisonnement, ajouter du sel, si besoin, ainsi que deux tours de moulin de poivre du Sichuan. Décorer avec le vert des oignons émincé.
Servir aussitôt, sans oublier la sauce soja.

VARIANTE

Remplacer le chou chinois par 450 g de côtes de blette.

CLAFOUTIS AUX CHOUX DE BRUXELLES

Pour 4 personnes

- 400 g de choux de Bruxelles
- 20 g de beurre
- 50 g de chapelure
- 3 œufs
- 10 g de farine
- 25 cl de lait
- 25 cl de crème liquide
- Herbes de Provence
- 150 g de comté
- Sel et poivre

Beurrer abondamment le fond d'un plat de 25 cm avec le beurre. Puis parsemer de chapelure.
Laver les choux et les couper en deux (crus) et les disposer sur le plat.
Couper le comté en dés et le répartir sur le plat.
Dans un saladier, mélanger au fouet les œufs, les herbes de Provence et la farine. Puis diluer avec le lait et la crème liquide. Saler et poivrer.
Verser cette préparation sur les choux.
Faire cuire dans le four préchauffé à 180 °C pendant 30 à 40 minutes.
Servir chaud.

CHOUX DE BRUXELLES À LA FOURME D'AMBERT

Pour 4 personnes

- 900 g de choux de Bruxelles
- 250 g de fourme d'Ambert
- 2 c. à soupe de sauce tomate maison (voir recette page 230)
- 25 cl de crème liquide
- 25 g de beurre + 6 g pour beurrer les moules
- 1 c. à café d'origan frais
- 1 c. à café de cumin
- Sel et poivre noir

Laver les choux. Dans une casserole, porter de l'eau salée à ébullition. Ajouter les choux de Bruxelles jusqu'à ce qu'ils soient *al dente*, puis les

retirer de l'eau et les égoutter. Conserver l'eau de cuisson pour un autre usage.
Dans une grande poêle, faire fondre le beurre. À feu très doux, ajouter le fromage coupé en morceaux et la sauce tomate. Mélanger sans arrêt, jusqu'à ce que le fromage fonde complètement. Incorporer la crème lentement, puis l'origan et le cumin, jusqu'à ce que la sauce commence à épaissir. Vérifier l'assaisonnement.
Beurrer des moules individuels allant au four. Déposer les choux et les saupoudrer de poivre. Recouvrir avec la sauce. Griller 5 minutes dans le four chaud.

CHOUX DE BRUXELLES AU JAMBON *SERRANO*

Pour 4 personnes

- 800 g de choux de Bruxelles
- 300 g de châtaignes
- 175 g de jambon *serrano* (ou un autre type de jambon cru)
- 150 g d'oignons
- 1 gousse d'ail
- 12 cl de vin blanc
- 2 c. à soupe de chapelure
- 2 c. à soupe d'huile d'olive
- 10 g de beurre
- Sel et poivre

Laver les choux. Dans une casserole, faire cuire les choux de Bruxelles à l'eau salée pendant 15 à 20 minutes. Conserver l'eau de cuisson pour la sauce et pour un autre usage.
Hacher finement les oignons et les faire revenir dans une poêle avec l'huile. Lorsque les oignons sont dorés, ajouter le beurre, l'ail haché, le jambon coupé en petits morceaux, la chapelure et le vin blanc pendant 5 minutes à feu vif. Diminuer le feu et ajouter un peu d'eau de cuisson des choux, du sel et du poivre. Incorporer les choux de Bruxelles égouttés et les châtaignes. Laisser cuire le tout pendant 5 minutes. Ajouter de l'eau de cuisson des choux, si nécessaire. Servir chaud.

CHOU ROUGE AU VIN ROUGE & AUX POMMES

Pour 6 personnes

- 1 chou rouge moyen
- 4 pommes (type reinette)
- 550 g d'oignons rouges
- Graines de genièvre et de coriandre
- 75 cl de vin rouge
- 25 cl d'eau
- Sel et poivre
- 2 à 3 c. à soupe d'huile d'olive

Laver le chou et le détailler en fines lamelles. Peler les pommes et les couper en cubes. Mettre dans une casserole les oignons coupés en fines rondelles et les faire revenir doucement avec l'huile. Lorsque l'oignon est fondu, ajouter les graines de genièvre et de coriandre ainsi que les pommes. Faire revenir quelques instants puis ajouter le chou, le vin rouge et l'eau. Saler et poivrer. Faire cuire à l'étouffée pendant 1 h 30. Surveiller la cuisson, ajouter de l'eau, si besoin.
Pour un plat végétarien complet, servir ce chou avec une purée de lentilles corail cuites avec un trait de vin rouge et de la polenta revenue au beurre.

RISOTTO AU CHOU ROUGE

Pour 4 personnes

- 350 g de riz rond pour risotto
- 550 g de chou rouge
- 200 g d'oignons rouges
- 2 échalotes
- 200 g d'allumettes de lardons fumés
- 10 cl de vin blanc sec
- 1 l de bouillon de légumes (voir recette page 224)
- 1 c. à soupe de persil
- 1 c. à soupe d'huile d'olive
- 50 g de parmesan
- 15 g de beurre
- Sel et poivre

Laver et couper le chou en fines lanières (et celles-ci en 2 ou 3 morceaux).
Faire dorer les lardons dans une sauteuse. Enlever la graisse et réserver les lardons.
Peler puis émincer les oignons et les échalotes. Les faire dorer dans la sauteuse avec l'huile jusqu'à ce qu'ils deviennent translucides.
Incorporer le riz et mélanger à feu doux pendant 2 minutes (le riz ne doit pas brunir). Ajouter le vin blanc et mélanger jusqu'à absorption complète. Ajouter le chou et les lardons, ainsi qu'une louche de bouillon bien chaud et mélanger jusqu'à absorption du liquide.
Procéder ainsi jusqu'à ce que le riz devienne *al dente*, environ 20 à 25 minutes, selon les variétés de riz.
Hors du feu, saler et poivrer. Ajouter le beurre coupé en petits morceaux et le parmesan fraîchement râpé. Mélanger et laisser reposer pendant 2 minutes avant de servir. Décorer avec un peu de persil ciselé.

VARIANTES

• Remplacer le chou rouge et les lardons par 900 g de courgettes, 1 c. à soupe de menthe fraîche ciselée et 200 g de ricotta. Lorsque le riz est prêt, ajouter le beurre, le parmesan, les courgettes préalablement revenues pendant environ 15 minutes dans un peu d'huile (elles doivent être tendres mais fermes) et la ricotta. Parsemer de persil et menthe ciselés.
• Remplacer le chou rouge et les lardons par 675 g de légumes frais coupés en petits morceaux (asperges, haricots verts, carottes, petits pois, courgettes, navets, fèves, etc.). Faire revenir les légumes dans 3 cuillères à soupe d'huile d'olive pendant quelques minutes puis les incorporer au début de la cuisson du riz.

ACHARDS DE LÉGUMES À LA CONTINENTALE

Les achards de légumes sont une spécialité de l'île de la Réunion et de l'île Maurice. On les utilise comme condiment avec des plats chauds ou comme garniture de sandwichs. Il est également possible de les servir en entrée ou tartinés sur du pain. La recette d'origine est composée de légumes qui ne poussent pas sous nos latitudes (comme le chouchou ou la christophine) ou qui n'arrivent pas à maturité à la même saison que les autres (comme les haricots verts). C'est pourquoi nous remplaçons ces légumes par du navet ou du radis-rave.

Ingrédients

- 225 g de carottes
- 200 g de chou blanc
- 100 g de radis-raves ou des navets
- 150 g d'oignons
- 25 g de racine fraîche de gingembre
- 2 grosses gousses d'ail
- 3 piments (à adapter selon les goûts)
- 1 c. à café de curcuma en poudre
- 2 c. à soupe de vinaigre
- 1 c. à soupe de curry
- 3 c. à soupe d'huile de tournesol
- Sel et poivre

Éplucher les carottes et les oignons, et les couper en fines lanières. Laver et hacher le chou très finement. Laver et râper les navets ou les radis-raves. Couper les piments en lanières dans le sens de la longueur. Peler l'ail et la racine de gingembre. Les piler, ou les mixer, avec 1 cuillère à café de sel.
Dans une poêle, faire revenir les oignons dans l'huile. Lorsqu'ils sont tendres, ajouter l'ail et le gingembre pilés. Puis ajouter le curry, le curcuma, le sel et le poivre. Ajouter le reste de légumes et les faire rissoler pendant 10 minutes : ils doivent rester croquants. Ajouter le vinaigre. Vérifier l'assaisonnement. Servir chaud ou froid.
Cette préparation se prête bien à la conservation en pot après quelques minutes de stérilisation.

SALADE DE CHOU AU SÉSAME

CRU

Pour 4 personnes

- 400 g de chou blanc
- 2 c. à soupe d'huile de noix
- 1 c. à soupe de vinaigre
- 4 c. à soupe de graines de sésame grillées
- Sel et poivre

Laver le chou et le couper en lanières très fines. Préparer une sauce à base d'huile de noix, vinaigre, sel et poivre. Mélanger avec le chou. Dans une poêle, faire griller à sec les graines de sésame et les incorporer à la salade à la dernière minute.

GRATIN D'AUTOMNE POMMES, CHOU, CHÂTAIGNES

Pour 6 personnes

- 140 g de châtaignes cuites
- 700 g de chou (pommé, frisé ou chinois)
- 450 g d'oignons
- 4 pommes (type reinette)
- Sel et poivre
- Coriandre en grains (ou 2 c. à café en poudre)
- 25 cl de crème d'avoine ou de crème fraîche
- 15 g de beurre

Laver le chou, le couper en fines lamelles et le faire cuire à la vapeur. Saler. Couper les oignons en fines lamelles. Couper les pommes en tranches. Dans une poêle, faire revenir les oignons et la coriandre avec le beurre. Lorsque les oignons commencent à être translucides, ajouter les pommes. Saler, poivrer et faire cuire jusqu'à ce que les oignons et les pommes soient bien tendres.

Dans un plat à gratin, alterner une couche de pommes et oignons, une couche de châtaignes émiettées, puis une couche de chou. Faire se superposer 2 séries. Répartir la crème au fur et à mesure sur les différentes couches. Faire cuire environ 20 à 30 minutes dans le four préchauffé à 200°C. Servir chaud.

TABOULÉ DE CHOU-FLEUR CRU

CRU

Pour 6 personnes

- 1 kg de chou-fleur
- 400 g de tomates bien mûres
- 300 g de concombre
- 100 g d'oignons
- 3 c. à soupe d'huile d'olive
- 1,5 c. à soupe de jus de citron
- 1 c. à soupe de raisins secs
- 20 feuilles de menthe
- 4 brins de persil
- Sel et poivre

Laver le chou-fleur. Détacher les bouquets (garder le bas des trognons et les feuilles pour une autre préparation). Mixer le chou-fleur cru jusqu'à obtenir une consistance de semoule.
Couper les tomates et le concombre en petits dés. Émincer finement les oignons. Ciseler la menthe et le persil.
Mélanger tous les ingrédients dans un saladier. Saler et poivrer. Réserver au frais 2 à 3 heures. Servir bien frais.

CHOU-FLEUR AUX ALGUES

Pour 4 personnes

- 1 chou-fleur moyen
- 100 à 200 g de tartare d'algues maison (ou acheté)

Pour le tartare aux algues (à préparer la veille)

- 300 g d'algues (par exemple un mélange de wakamé, dulse et laitue de mer)
- 1 citron
- 3 c. à soupe d'huile de tournesol
- 3 gousses d'ail
- 1 oignon frais (le vert et le blanc)
- 2 c. à soupe de câpres ou de cornichons
- Sel et poivre

La veille préparer un tartare aux algues. Utiliser de préférence des algues fraîches conservées au sel (si elles sont déshydratées, suivre les conseils de réhydratation). Dessaler et débarrasser les algues du sable éventuel dans 4 eaux de rinçage successives. Égoutter soigneusement. Mixer les algues avec le jus de citron, l'huile, l'ail, l'oignon frais (le vert et le blanc) et les câpres. Saler, poivrer, ajouter de l'huile et un peu d'eau si le mélange est trop sec. Attendre de préférence une journée avant de l'utiliser. Se conserve au frais une dizaine de jours. Ce tartare peut s'utiliser aussi sur des tartines de pain grillé, en base de sauce pour une salade ou en accompagnement d'un poisson.

Laver le chou-fleur, le détailler en fleurettes et le faire cuire à la vapeur pendant 15 minutes. Une fois cuit, le mélanger au tartare d'algues (quantité à adapter aux goûts). Servir tiède ou froid en entrée ou en tant qu'accompagnement d'un poisson.

VARIANTE

Remplacer le chou-fleur par 600 g de concombre et un mélange de graines grillées (tournesol, courge, lin, etc.).

CHOU-RAVE

FLAN DE CHOU-RAVE AU SÉSAME

Pour 6 personnes

- 1 kg de choux-raves
- 3 œufs
- 200 g de fromage de chèvre frais
- 2 à 3 c. à soupe de graines de sésame
- 100 g de crème de soja
- ½ cuillerée à café de noix de muscade
- 6 g de beurre pour le moule
- Sel et poivre

Éplucher les choux-raves, les couper en cubes et les faire cuire environ 30 minutes à la vapeur jusqu'à ce qu'ils soient bien tendres. Pendant ce temps, préparer l'appareil du flan en battant les œufs, le fromage de chèvre, la crème de soja et la noix de muscade. Saler et poivrer. Beurrer un plat à cake ou des ramequins individuels. Mixer finement le chou-rave en purée, puis mélanger à l'appareil.

Verser dans le plat ou les ramequins. Saupoudrer généreusement de graines de sésame. Placer au four à 200°C, dans un bain-marie, et faire cuire environ 40 minutes pour les ramequins, ou 60 minutes pour le plat. Pendant la cuisson, ajouter de l'eau au bain-marie si nécessaire.

CHOU-RAVE SAUCE CRÈME

Pour 4 personnes

- 400 g de chou-rave
- 20 g de beurre ou de beurre clarifié (voir recette page 223)
- 1 petite poignée de cerfeuil ou d'orties hachées
- 2 échalotes
- 100 g de crème fraîche
- 1 yaourt nature
- Sel et poivre

Peler le chou-rave et le couper en fines lamelles. Faire chauffer le beurre dans un autocuiseur. Ajouter les échalotes émincées et les étuver. Ajouter le chou-rave et le cerfeuil (ou l'ortie). Saler, poivrer et laisser mijoter à couvert 10 minutes après le sifflement (prévoir 25 minutes de cuisson dans une cocotte normale). Ajouter la crème fraîche et le yaourt. Laisser réduire 5 minutes en mélangeant.
Servir chaud avec du jambon cru ou du saumon fumé.

Ciboulette

UN PEU DE BOTANIQUE
Allium schoenoprasum, plante aromatique bulbeuse de la famille des Liliacées comme l'échalote, l'ail ou l'oignon. Originaire d'Orient et introduite en Europe au Moyen Âge, elle est d'abord appelée «appétits» par allusion à ses vertus apéritives.

PROPRIÉTÉS
Source de vitamine K et d'antioxydant, elle aide aussi à digérer et à améliorer la circulation sanguine en favorisant l'élasticité des vaisseaux. Elle a des propriétés antiseptiques.

PÉRIODE DE RÉCOLTE
D'avril à novembre. Très facile à cultiver en pot sur un balcon car ne demande aucun entretien particulier. Il faut, cependant, la protéger du froid pour pouvoir la récolter en hiver.

CONSERVATION
Les feuilles se conservent au réfrigérateur 1 semaine dans un linge humidifié chaque jour. On peut les congeler, ciselées, dans un bac à glaçons avec un peu d'eau ou les faire macérer dans une huile neutre. Le séchage est déconseillé pour les feuilles car elles perdent alors beaucoup de leur arôme, mais il est, en revanche, possible pour les fleurs qui peuvent aussi se conserver au vinaigre. Elles perdent alors leur couleur, rose ou violette, mais on obtient un vinaigre aromatisé et coloré.

PARTIES COMESTIBLES
Les tiges, les fleurs et les graines germées.

UTILISATION
Crue, ciselée (pour aromatiser crudités et salades diverses, fromage frais, vinaigrettes, sauces) ou en décoration (pour attacher des fagots de haricots, fermer des aumônières, etc.) ; cuite (à ajouter au dernier moment pour que la cuisson ne dissipe pas son arôme) en assaisonnement de soupes, potages, crèmes, sauces, omelettes, ou en beignets. Les fleurs sont décoratives et délicieuses en salade, associées à d'autres ingrédients.

RECETTES ALTERNATIVES
La ciboulette peut remplacer l'ingrédient principal des recettes suivantes :

◊ **Nems à la menthe & au fromage de chèvre**, page 138.
◊ **Caviar à l'ail des ours & aux noix**, page 19.
◊ **Gougères à l'ail des ours**, page 19.
◊ **Fleurs de courgette en beignets**, page 99.

BRICKS À LA CIBOULETTE

Pour 20 pièces
- 10 feuilles de brick
- 2 gros bouquets de ciboulette
- 200 g de ricotta
- 4 c. à soupe d'huile d'olive
- Sel et poivre

Mélanger la ricotta avec la ciboulette ciselée, 1 cuillère à soupe d'huile, le poivre et un peu de sel.
Couper les feuilles de brick en deux. Déposer un peu de farce au milieu et plier de façon à bien fermer tous les angles.

Dans une poêle, faire chauffer un peu d'huile et dorer les bricks 2 à 3 minutes de chaque côté. Ou bien les faire cuire de chaque côté, pendant 5 minutes, sur une plaque légèrement huilée dans le four préchauffé à 180°C. Servir chaud.

VARIANTE

Remplacer la ciboulette par une quarantaine de feuilles de menthe fraîche.

YAOURTS À LA CIBOULETTE & AU CAMEMBERT

Pour 7 pots

- 1 bouquet de ciboulette
- 1 yaourt nature entier
- 75 cl de lait entier
- 1 camembert
- Sel et poivre

Faire bouillir le lait et ajouter le camembert coupé en petits morceaux. Laisser fondre à feu doux, tout en remuant.
Laisser refroidir la préparation. Ajouter le yaourt, le sel et le poivre. Passer le tout au mixeur. Puis ajouter la ciboulette ciselée et mélanger. Remplir les pots. Laisser dans la yaourtière environ 5 à 6 heures. Mettre les couvercles et réserver au minimum 4 heures au réfrigérateur. Servir avec des pommes terres cuites à la vapeur et un saucisson à cuire.

VARIANTE

Remplacer la ciboulette par des feuilles d'ail des ours.

Concombre

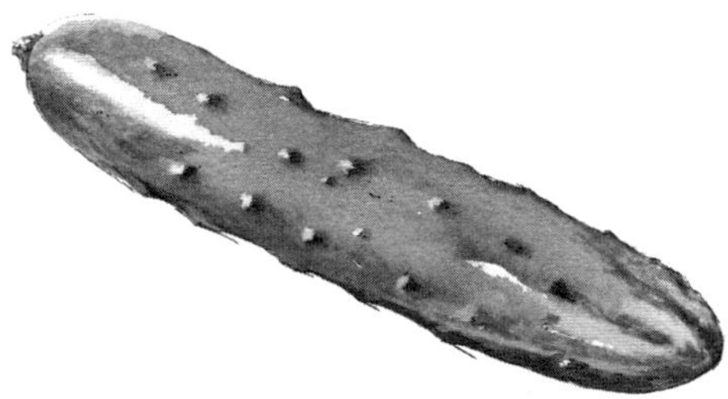

UN PEU DE BOTANIQUE
Cucumis sativus, de la famille des Cucurbitacées comme la courge, la courgette ou le melon. Originaire d'Inde, où il poussait naturellement, il aurait été domestiqué il y a au moins 3 000 ans. Il se répand ensuite rapidement en Chine et au Moyen-Orient. En Europe, il faut attendre le XVIIe siècle pour qu'il se diffuse dans les classes aisées, mais pas chez les paysans qui trouvaient ce légume, essentiellement constitué d'eau, peu reconstituant. Il existe des variétés de formes et de couleurs très diverses, allant du concombre japonais mince et long au petit concombre citron rond et jaune.

PROPRIÉTÉS
Avec une teneur en eau de 95 %, c'est un légume très rafraîchissant et peu calorique. Il est préférable de le consommer non épluché car sa peau contient de la pepsine (une substance qui facilite la digestion), des fibres, des composants antioxydants et l'essentiel des nutriments. Le concombre est riche en minéraux, en particulier en potassium, et vitamines.

PÉRIODE DE RÉCOLTE
De juillet à octobre.

CONSERVATION
Une semaine dans le bac à légumes du réfrigérateur. Il peut être congelé

à condition de le faire cuire avant. On peut aussi le conserver au vinaigre comme les cornichons, notamment les petits concombres non matures en fin de saison ou les concombres matures coupés en rondelles ou en bâtonnets.

PARTIES COMESTIBLES

Les fruits et les fleurs.

UTILISATION

Cuit comme la courgette : en soupe, à l'étuvée, braisé, à la vapeur ou farci. Mais surtout cru : à croquer en bâtonnets, coupé en fines tranches et mariné, en salade, en soupe froide. Se marie très bien avec la crème fraîche, le yaourt et les fines herbes. Il peut composer des boissons et des sorbets très désaltérants. Les cultivars actuels ont été développés afin d'enlever au concombre son amertume naturelle. Il n'est donc plus nécessaire de le faire dégorger au sel ou tremper dans du lait. Au contraire, non dégorgé, il conserve son croquant et toutes ses vitamines. Les fleurs peuvent être utilisées pour décorer les salades.

RECETTES ALTERNATIVES

Le concombre peut remplacer l'ingrédient principal des recettes suivantes :

◊ ***Cheesecake* de radis au fromage de chèvre**, page 198.

◊ **Chou-fleur aux algues**, page 75.

SALMOREJO DE CONCOMBRE

RECETTE ESPAGNOLE

Le *salmorejo* est une préparation originaire d'Andalousie. Il s'agit d'une crème froide, élaborée normalement avec du pain et de la tomate, à la consistance d'une purée ou d'une sauce épaisse. Il est généralement servi avec de l'œuf dur et du jambon cru posés sur la préparation.

Pour 6 personnes

- 800 g de concombre
- 200 g de mie de pain
- 1 gousse d'ail
- 6 œufs durs
- 75 g de jambon cru
- 4 cl de vinaigre
- 12 cl d'huile d'olive
- Sel

Si la mie de pain est dure, la ramollir avec de l'eau pendant 15 à 20 minutes. Au bout de ce temps, enlever l'excédent d'eau.
Peler et couper en morceaux le concombre. Mixer très finement le pain, le concombre, l'huile, le vinaigre et l'ail émincé. Saler et mélanger.
La préparation doit avoir la consistance d'une soupe assez épaisse : ajouter un peu de mie de pain si elle est trop liquide ou, au contraire, un peu d'eau si elle est trop épaisse.
Mettre au réfrigérateur pendant quelques heures avant de servir très frais. Décorer chaque portion avec un œuf dur coupé en deux et des lamelles de jambon cru revenues à la poêle (1 minute de chaque côté).

VARIANTE

Remplacer le concombre par 1 kg de tomates.

CONCOMBRE AUX ALGUES

CRU

Pour 4 personnes
- 500 g de concombre
- 1 poignée d'algues wakamé
- 2,5 c. à soupe de sésame blond
- Sel

Pour la vinaigrette à l'huile de noix
- 4 c. à soupe d'huile de noix
- 2 c. à soupe de vinaigre
- 1 c. à soupe d'eau
- 1,5 c. à café de moutarde
- Sel et poivre

Détailler le concombre en rondelles très fines ou en tagliatelles.
Le laisser dégorger avec un peu de sel au moins 1 heure.
Dessaler une petite poignée d'algues wakamé, conservées au sel, en les laissant tremper dans 2 à 3 eaux successives. Égoutter et essorer entre les mains, puis émincer en tronçons d'un demi-centimètre.
Griller légèrement à sec les graines de sésame. Préparer une vinaigrette à l'huile de noix.
Dans un saladier, mélanger le concombre, les algues et la vinaigrette.
Laisser au réfrigérateur pendant quelques heures. Avant de servir, ajouter les graines de sésame.

SOUPE FROIDE AU CONCOMBRE

CRU

Pour 6 personnes
- 800 g de concombre
- 20 g de pain
- 1 c. à soupe d'huile d'olive
- 20 g de lait concentré non sucré
- Sel
- Quelques brins de ciboulette

Faire tremper le pain dans le lait concentré pendant 15 minutes (plus longtemps si le pain est dur).
Mixer finement le pain, le concombre lavé et coupé en morceaux, l'huile et le lait. Saler. Laisser au réfrigérateur quelques heures.
Servir froid et décorer avec de la ciboulette ciselée.

YAOURT AU CONCOMBRE, À LA MENTHE & AUX PÉTALES DE ROSE RECETTE PERSANE

CRU

Pour 4 personnes

- 400 g de yaourt (lait ou soja)
- 300 g de concombre
- 50 g de raisins secs
- 4 c. à soupe de menthe hachée fraîche ou 2 c. à soupe de menthe séchée
- Sel et poivre
- 1 ou 2 cristaux d'extrait de géranium ou quelques gouttes d'eau de rose
- Selon les envies : pistaches, noix, baies d'épine-vinette, fleurs séchées, etc.
- 1 c. à soupe de pétales de rose séchés

Peler et râper le concombre. Le presser entre les mains et retirer le jus. Dans un saladier, bien mélanger tous les ingrédients (sauf les pétales de rose et un peu de menthe). Laisser reposer au réfrigérateur 3 heures. Servir très frais saupoudré de pétales de roses et de menthe.

VARIANTES

- Servir sous forme de soupe froide : délayer le yaourt avec 17,5 cl d'eau glacée et quelques glaçons pilés et servir avec du pain grillé.
- Remplacer le concombre par 80 g de feuilles de pourpier hachées, ou conserver la moitié du concombre et compléter avec 40 g de pourpier.

Courge

UN PEU DE BOTANIQUE

Courge, terme générique pour désigner les nombreux fruits (potiron, citrouille, potimarron) du genre *Curcubita* de la famille des Cucurbitacées qui comprend, par ailleurs le concombre, la courgette ou le melon. Le terme désigne plusieurs espèces donnant lieu à une grande diversité de tailles, formes et couleurs. Originaire d'Amérique, la courge serait l'une des premières plantes à avoir été cultivée. Les Amérindiens ne consommaient pas le fruit, très amer à l'origine, mais plutôt les graines, très riches en nutriments, et se servaient des fruits secs comme récipients et objets. Les espèces consommées aujourd'hui ont été introduites en Europe après la découverte de l'Amérique et leur domestication a entraîné, peu à peu, l'augmentation de la taille des fruits et la consommation de leur chair.

PROPRIÉTÉS

Riches en bêta-carotène (en particulier les variétés plus orangées) aux propriétés antioxydantes, en vitamines (A, B, C, D et E) et sels minéraux (calcium, fer, potassium, magnésium, sodium, phosphore). Sa teneur en eau de 92 % fait de la courge un légume très pauvre en calories mais avec une forte concentration nutritionnelle. Elle permet aussi de lutter contre la constipation et l'hypertension.

PÉRIODE DE RÉCOLTE

De septembre à fin octobre (la courge est sensible au gel).

CONSERVATION
Les courges peuvent se conserver entre 3 mois et 1 an, en fonction des variétés, dans un endroit sec et aéré (plus la conservation sera longue plus le fruit gagnera en vitamines et sucre). Coupées, elles ne se conservent que 2 à 3 jours au réfrigérateur, enveloppées dans un film alimentaire. Elles peuvent être séchées en copeaux qui ajouteront du croquant aux salades. Elles se congèlent bien cuites. En revanche, crues, elles rendront beaucoup d'eau à la décongélation.

PARTIES COMESTIBLES
Les fruits, les fleurs et les graines fraîches, sèches ou germées.

UTILISATION
Surtout cuite, en soupe, potage, ragoût, couscous, curry, gratin, purée, tarte, soufflé, frites, beignets, risotto, avec des pâtes, mais aussi dans des pâtes à pain et dans des préparations sucrées (tarte, pâte à crêpes, flan, gâteau et confiture). Elles peuvent être farcies et cuites entières au four. Les graines, très nutritives, se consomment rôties et salées, séchées ou germées. La noix de muscade ou la cannelle relèvent bien les courges. Certaines courges ont des peaux très coriaces qui sont plus faciles à peler après cuisson à l'eau, à la vapeur ou au four. Les autres peuvent se consommer avec la peau, en particulier le potimarron.

VELOUTÉ DE COURGE AU *KORMA MASALA*

Le *korma* (*ou Qorma*) *masala* est un mélange indien en poudre des légumes séchés et des épices suivants : oignon, sucre, tomate séchée, cumin, ail, cardamome, gingembre, coriandre, poivre noir, piment, clou de girofle, cannelle, carvi, curcuma, sel.

Pour 6 personnes
- 100 g d'oignons
- 1,5 kg de courge
- 125 g de lentilles corail
- 2 c. à soupe d'huile d'olive
- 1 c. à soupe de *korma masala*
- 1 bâton de cannelle ouvert
- 1,5 l d'eau
- Sel et poivre

Éplucher la courge (galeuse d'Eysines, longue de Nice ou un autre potiron), la vider de ses graines et la couper en gros cubes.

Faire revenir les oignons dans un faitout avec l'huile. Lorsqu'ils sont translucides, ajouter les cubes de courge, le *korma masala* et le bâton de cannelle. Bien mélanger. Mouiller avec l'eau. Saler et poivrer. Faire cuire 8 minutes. Ajouter les lentilles corail. Dès qu'elles sont cuites (environ 10 à 15 minutes), ôter le bâton de cannelle et mixer. Ajouter de l'eau si le velouté est trop épais.
Rectifier l'assaisonnement, si nécessaire.

VARIANTE

Remplacer le *korma masala* par 6 à 8 graines de cardamome.

SOUPE DE COURGE AU LAIT DE COCO

Pour 4 personnes

- 700 g de courge
- 120 g d'oignons
- 1 petit piment (selon les goûts)
- 2 gousses d'ail
- 125 g de tomates
- 1 c. à café de curcuma
- 1 c. à café de gingembre
- 2 clous de girofle
- 40 cl de lait de coco
- 1 c. à soupe d'huile de tournesol
- Sel et poivre
- 4 feuilles de coriandre fraîche (facultatif)

Peler, ôter les graines et couper la courge en cubes.
Dans une cocotte, faire dorer dans l'huile les oignons et l'ail émincés. Ajouter les tomates et les faire revenir pendant 2 minutes. Ajouter le piment, le curcuma, le gingembre, les clous de girofle, la courge et le lait de coco. Fermer la cocotte et laisser cuire 7 minutes à partir de la rotation de la soupape. Ajouter un peu d'eau et mixer. Saler et poivrer. Vérifier la consistance et, si besoin, ajouter de l'eau jusqu'à obtenir la consistance souhaitée (une soupe plus ou moins liquide). Servir bien chaud et décorer chaque assiette avec une feuille de coriandre fraîche.

VARIANTE

Remplacer la courge par la courgette.

VELOUTÉ DE COURGE À LA CARDAMOME

Pour 6 personnes
- 2 kg de courge (longue de Nice, ou un autre potiron)
- 1 gousse de cardamome (ou 6 à 8 graines écrasées ou 1,5 c. à café de cardamome en poudre)
- Sel et poivre
- 2 c. à soupe de crème (facultatif)
- 4 feuilles de persil pour décorer

Peler, ôter les graines et couper la courge en gros dés.
Dans un faitout, recouvrir à peine la courge d'eau. Faire cuire, à feu doux, 30 à 45 minutes avec la cardamome. En fin de cuisson, ôter la gousse de cardamome (ou les graines) et mixer finement.
Il est possible d'ajouter un peu de crème (fraîche ou végétale).
Saler, poivrer (si besoin).
Servir le velouté bien chaud et décoré d'une feuille de persil dans chaque assiette.

CRUMBLE AU POTIRON

Pour 6 personnes
- 1 kg de potiron
- 150 g de bacon ou de fines tranches de jambon fumé
- 100 g de cheddar ou de cantal
- 200 g d'oignons
- 2 feuilles de sauge
- 2 c. à soupe de crème fraîche
- Sel

Pour l'appareil à crumble
- 150 g de farine complète
- 80 g de beurre salé
- 50 g de parmesan

Éplucher, ôter les graines et couper le potiron en gros cubes.
Émincer finement les oignons et les feuilles de sauge, puis les disposer avec la courge dans un plat allant au four. Saler légèrement, verser un fond d'eau et le mettre dans le four préchauffé à 180 °C pendant 30 à 40 minutes environ. Hors du four, écraser grossièrement les cubes de potiron. Mélanger avec la crème fraîche et le cheddar coupé en petits

dés. Disposer les tranches de bacon sur toute la surface.
Préparer l'appareil à crumble en mélangeant la farine, le beurre salé et le parmesan jusqu'à obtenir une consistance sableuse. Répartir les miettes sur le potiron et remettre dans le four chaud. Laisser cuire encore 20 minutes jusqu'à ce que la croûte soit bien dorée.

VARIANTE

Remplacer la courge par des courgettes et 1 poivron et ajouter 1 à 2 c. à soupe de graines de sésame à l'appareil à crumble.

RISOTTO AU POTIRON

Pour 4 personnes

- 500 à 600 g de courge
- 200 g d'oignons
- 1 à 2 gousses d'ail
- 2 c. à soupe d'huile d'olive
- 350 g de riz rond à risotto (*Arborio* de préférence)
- 15 cl de vin blanc
- 1 l de bouillon de légumes (voir recette page 224)
- 10 cl de crème fraîche liquide
- 50 g de parmesan (facultatif)
- Persil haché (facultatif)
- Sel

Éplucher, ôter les graines et couper la courge en gros dés. Les faire cuire pendant 7 minutes à l'autocuiseur ou 20 minutes dans une cocotte normale. Enlever l'excédent d'eau et réduire en purée. Réserver.
Faire revenir l'oignon émincé à feu vif dans une sauteuse avec l'huile. Lorsqu'il est fondu, ajouter l'ail haché et remuer quelques instants.
À feu moyen, verser le riz *Arborio* dans la sauteuse, remuer et attendre qu'il commence à devenir translucide. Ajouter le vin blanc. Lorsqu'il est complètement absorbé par le riz, ajouter la courge réduite en purée. Saler, remuer. Dès que l'eau contenue dans la courge est absorbée, ajouter une louche de bouillon de légumes chaud, remuer et attendre l'absorption complète. Répéter jusqu'à ce que le riz soit cuit (il doit rester ferme), environ 20 minutes.
En fin de cuisson et hors du feu, ajouter la crème fraîche, remuer et laisser reposer 2 minutes. Servir immédiatement le risotto, décoré avec du persil haché et du parmesan fraîchement râpé.

VARIANTES

- **Risotto aux tomates** : faire revenir à la poêle, pendant 2 minutes, 1 kg de tomates bien mûres pelées, 1 gousse d'ail écrasée, 20 tomates cerises, un bouquet de basilic ciselé et 3 c. à soupe d'huile d'olive. Suivre la recette en remplaçant la purée de courge par les tomates.
- **Risotto aux betteraves rouges** : faire une purée avec 3 échalotes revenues dans 15 g de beurre et 400 g de betteraves cuites à l'eau. Suivre la recette en incorporant les betteraves 5 minutes avant la fin de la cuisson du riz.

COMPOTE DE POTIRON & D'ABRICOTS SECS

Ingrédients

- 3 kg de potiron
- 1 kg d'abricots secs
- 500 à 900 g de sucre
- Vanille (facultatif)

Laver les abricots. Remplir un saladier d'eau et faire tremper les abricots pendant 6 heures. Réserver l'eau.
Peler, ôter les graines et couper le potiron en petits morceaux.
Dans une casserole, faire cuire le potiron, le sucre, la vanille, les abricots et deux verres de leur jus de trempage. Remuer de temps en temps. Dès que la courge et les abricots s'écrasent facilement, après environ 20 à 30 minutes, arrêter le feu et les écraser à la fourchette (ou passer au moulin si vous souhaitez une consistance plus fine).
Cette compote peut se conserver en pot après stérilisation.

VARIANTE

Pour une conservation plus longue et sans stérilisation, cette recette peut se préparer également en confiture en doublant le temps de cuisson et en portant la quantité de sucre à 2 kg. Mettre la confiture, encore bien chaude, en pot. Fermer les pots et les retourner jusqu'à ce qu'ils refroidissent.

LÉGUMES D'AUTOMNE À LA MAROCAINE

Pour 6-8 personnes

- 1,5 kg de courge butternut
- 250 g de radis-raves
- 300 g de radis glaçon ou noirs
- 350 g de navets
- 275 g d'oignons
- 2 c. à soupe d'huile d'olive
- 1 l de bouillon de légumes ou de volaille (voir recettes pages 224 et 225)
- 3 c. à café de cannelle
- 1,5 c. à café de cumin moulu
- 1 c. à café de graines de cumin
- ½ c. à café de carvi
- ½ c. à café de coriandre
- ½ c. à café de paprika
- ½ c. à café de piment
- 1 c. à soupe de sucre
- 200 g de figues sèches
- 1 gousse d'ail
- Sel

Peler, ôter les graines et couper la courge en cubes. Peler et émincer l'ail et l'oignon. Brosser, laver et couper en cubes les autres légumes. Dans un faitout, faire revenir l'ail et l'oignon avec l'huile. Quand l'oignon est translucide, ajouter toutes les épices et les faire griller. Ajouter tous les légumes, sauf la courge, et les faire dorer 2 minutes à feu moyen. Couvrir avec le bouillon, le sucre et les figues coupées en quatre. Laisser mijoter 20 minutes. Au bout de ce temps, ajouter la courge et laisser encore 15 à 20 minutes sur feu doux pour réduire la sauce. Saler.
Accompagner de semoule de blé ou d'un mélange de céréales finement concassées.

VARIANTE

Remplacer 700 g de courge par la même quantité de cardons et les incorporer après les avoir fait cuire pendant 1 heure dans une eau citronnée.

TARTE CHOCO-COURGE

Pour 6-8 personnes

- 550 g de courge butternut
- 100 g de chocolat noir
- 100 g de beurre
- 100 g de sucre
- 1 pâte sablée (voir recette page 229)

Peler, ôter les graines et couper la courge en morceaux. Les faire cuire à la vapeur pendant 8 minutes. Bien égoutter.
Faire fondre le chocolat avec le beurre au bain-marie. Ajouter le sucre et mélanger. Ajouter la courge et mixer en purée finement.
Préparer une pâte sablée (voir recette page 229) et la faire cuire à blanc (en la garnissant d'un autre moule plus petit sur du papier sulfurisé) dans le four préchauffé à 200°C pendant 15 à 20 minutes. Laisser refroidir complètement la pâte puis la garnir avec la crème de courge préalablement mise au réfrigérateur.

VARIANTE

Verser le mélange de courge dans des verrines et laisser au réfrigérateur quelques heures avant de servir, puis décorer de quelques copeaux de chocolat noir.

TERRINE DE POTIMARRON

Pour 4 personnes

- 700 g d'oignons
- 1 kg de potimarron
- Le ¼ d'un bouillon cube aux légumes
- 12 cl d'eau
- 2 à 3 c. à café de curry
- 1 c. à soupe d'huile d'olive
- Sel

Peler les légumes. Prendre une terrine assez profonde allant au four et huiler le fond. Déposer un lit d'oignons, coupés en rondelles assez fines, un lit de potimarron coupé également en fines lamelles et continuer ainsi de suite les lits de l'un et de l'autre en finissant par le potimarron. Saler (très peu) et répartir le curry sur chaque couche de potimarron. Diluer le quart de bouillon cube dans l'eau. Verser sur les légumes et placer le couvercle à terrine. Mettre au four, pendant environ 1 heure, à 180°C.
Servir avec du riz, une viande ou un poisson.

CHEESECAKE SUCRÉ AU POTIRON

Pour 6 personnes

Pour la pâte

- 250 g de speculoos ou biscuits aux épices
- 50 g de beurre fondu chaud
- 50 g de sucre brun
- 75 g de noix de pécan

Pour la garniture

- 1 petit potimarron ou une courge butternut (200 g de chair)
- 300 g de fromage frais à tartiner (type St-Môret)
- 3 œufs
- 3 c. à soupe de crème fraîche épaisse
- 1 c. à soupe de farine
- 75 g de sucre
- 2 pincées de chaque épice : noix de muscade, cannelle, gingembre en poudre

Pour le glaçage

- 6 c. à soupe de crème fraîche épaisse
- 4 c. à soupe de sucre glace
- 2 c. à soupe de rhum

Se prépare la veille.
Dans un robot, mettre tous les ingrédients pour la pâte et mixer afin d'obtenir un mélange ayant la consistance d'un sable grossier. Verser le mélange dans un moule à fond amovible en le tassant bien au fond et le plus haut possible sur les bords, puis le placer au congélateur. Couper le potimarron en quartiers avec la peau. Retirer les graines. Faire cuire à l'eau bouillante environ 20 minutes jusqu'à ce que la chair soit tendre et que l'on puisse retirer la peau. Peser 200 g de chair. Dans un robot, mélanger tous les ingrédients de la garniture pour obtenir un mélange lisse. Sortir le moule du congélateur, verser la garniture et faire cuire dans le four préchauffé à 150 °C pendant 50 minutes, jusqu'à ce que le mélange soit pris.
Mélanger au fouet les éléments du glaçage et verser la préparation sur le gâteau à la sortie du four. Laisser refroidir. Mettre au réfrigérateur, au minimum 8 heures.
Démouler au moment de servir et accompagner d'une compote de kumquats frais ou d'abricots secs (200 g d'abricots cuits 15 minutes à petit feu avec 10 cl d'eau, 75 g de sucre et 1 gousse de vanille).

Courgette

UN PEU DE BOTANIQUE

Cucurbita pepo, de la famille des Cucurbitacées comme la courge, le concombre ou le melon. La courgette est ce que l'on appelle une « courge d'été », comme le pâtisson, car elle est récoltée avant maturité. Originaire d'Amérique, sa culture était largement répandue sur ce continent à l'arrivée des Européens, mais c'est en Italie, à partir du XVIIIe siècle, que l'on systématise la récolte de cette courge, avant maturité. Et il faut ensuite attendre un siècle pour qu'elle s'invite sur les tables françaises. Selon les variétés, elle peut être allongée ou ronde et sa couleur aller du vert au jaune en passant par le gris, le blanc et le panaché.

PROPRIÉTÉS

Les courgettes sont moins nutritives que les courges d'hiver du fait de leur récolte précoce et de la pâleur de leur chair (absence de caroténoïdes). Elles présentent malgré tout une excellente qualité nutritionnelle grâce à leur bonne teneur en minéraux (calcium, magnésium, phosphore, sodium et potassium), en oligoéléments et en diverses vitamines (C en particulier). Riches en fibres tendres et en eau (95 %), elles sont légères, rafraîchissantes, digestes et diurétiques.

PÉRIODE DE RÉCOLTE

De juin à début octobre.

CONSERVATION

Moins la courgette est mûre et moins elle se conserve au réfrigérateur (de 2 jours à 1 semaine). Elle se congèle en tranches crues ou après avoir été blanchie. Elle peut être marinée au vinaigre à la manière des cornichons. La fleur ne se conserve pas et doit être consommée immédiatement après la cueillette.

PARTIES COMESTIBLES

Les fruits jeunes, bien avant leur maturité, et les fleurs.

UTILISATION

Afin de conserver tous ses nutriments, il est conseillé de manger la courgette avec sa peau et de préférence crue (râpée ou en petits dés en salade, marinée en fines tranches, en bâtonnets à croquer) ou légèrement cuite (sautée, frite, à la vapeur, grillée au barbecue, farcie). C'est un ingrédient indispensable dans la ratatouille, le couscous, les soupes et purées (dans lesquelles elle peut remplacer partiellement ou totalement la pomme de terre). On la sale en fin de cuisson pour qu'elle conserve sa tenue. La courgette peut être intégrée dans des pâtes à pain ou pâtes à gâteau et utilisée pour faire de la confiture. La fleur se prépare farcie (en écartant délicatement les pétales) ou en beignets, mais aussi en salade ou en omelette. Dans tous les cas, quelques minutes de cuisson suffiront. Il est préférable de nettoyer délicatement la fleur de courgette avec un linge humide avant d'en retirer le pistil, qui a un goût amer, et le pédoncule.

RECETTES ALTERNATIVES

La courgette peut remplacer l'ingrédient principal des recettes suivantes :

◊ **Flan de pâtisson à la noix de coco**, page 166.
◊ **Galettes de pâtisson à la feta**, page 161.
◊ **Miel de pissenlit**, page 178.
◊ **Lasagnes au chou frisé**, page 67.
◊ **Risotto au chou rouge**, page 72.
◊ **Crumble au potiron**, page 89.
◊ **Soupe de courge au lait de coco**, page 88.
◊ **Tarte Tatin aux poivrons**, page 186.

COURGETTES AU CURRY EN CONSERVE

Ingrédients

- 3 kg de courgettes
- 350 g d'oignons
- 100 g de sel

Pour le liquide

- 75 cl de vinaigre blanc
- 75 cl d'eau
- 375 g de sucre
- 6 à 7 c. à soupe de curry en poudre
- 2 c. à café de poivre en grains
- 3 c. à café de moutarde en grains
- ½ c. à café de graines de cumin
- ½ c. à café de graines de coriandre

Cette recette se réalise sur 4 jours, mais quelques minutes par jour suffisent. Elle permet d'utiliser les grosses courgettes oubliées au jardin. Avec de petites courgettes, le résultat sera moins ferme et craquant.

Le premier jour, laver les courgettes et les couper en petits dés sans les éplucher. Enlever les graines si elles commencent à être dures, sinon elles peuvent être gardées. Peler les oignons et les couper en petits morceaux. Mélanger les oignons, les courgettes et le sel dans une cocotte. Couvrir et laisser reposer une journée complète à température ambiante.

Le deuxième jour, rincer les courgettes et les oignons pour enlever l'excédent de sel et les laisser égoutter avant de les remettre dans la cocotte. Dans une casserole, faire bouillir le vinaigre, l'eau et le sucre. Ajouter le curry, le cumin, le poivre et la moutarde, bien mélanger et verser encore chaud sur les légumes. Couvrir et laisser reposer une journée complète à température ambiante.

Le troisième jour, récupérer le liquide des courgettes et le faire bouillir dans une casserole. Le verser encore chaud sur les courgettes, couvrir la cocotte et laisser reposer une journée complète à température ambiante.

Le dernier et quatrième jour, nettoyer les pots et les faire chauffer dans le four afin de les stériliser. Pendant ce temps, porter la préparation à ébullition pendant 2 minutes. Remplir immédiatement les pots, fermer et laisser refroidir à l'envers. Attendre 3 semaines avant de consommer.

Se conserve au frais pendant plus d'1 an et se bonifie avec le temps.
Servir en accompagnement d'une viande froide, d'une raclette, à l'apéritif ou en salade.

FLEURS DE COURGETTE EN BEIGNETS

Ingrédients

- Fleurs de courgette
- 125 g de farine
- 1 c. à soupe de levure chimique
- 1 œuf
- 10 cl de lait
- Huile abondante pour la friture
- Sel et poivre
- 6 brins de persil (facultatif)

Cueillir les fleurs mâles de courgette (elles ne donneront pas de fruit), sans les prélever toutes pour ne pas empêcher la pollinisation des fleurs femelles. La fleur mâle se trouve à l'extrémité d'une tige rainurée, très fine, tandis que la tige de la fleur femelle est renflée et pulpeuse.
Préparer une pâte à beignets pas trop liquide en suivant la recette de la page 229. Saler, poivrer et ajouter le persil haché.
Tremper les fleurs de courgette dans la pâte et faire frire dans l'huile bien chaude.

VARIANTES

- Remplacer les fleurs de courgette par 1 bel oignon. Couper l'oignon en fines rondelles dans le sens de la largeur pour obtenir des anneaux. Tremper l'oignon dans l'eau très froide (c'est le secret de cette recette) pendant 30 minutes. Égoutter l'oignon et le sécher avec du papier absorbant avant de le tremper dans la pâte à beignets.
- Remplacer les fleurs de courgette par des fleurs et des feuilles d'ail des ours, ou de ciboulette, hachées.
- Remplacer les fleurs de courgette par des aubergines coupées en rondelles très fines.
- Remplacer les fleurs de courgette par des feuilles entières de persil.
- Remplacer les fleurs de courgette par les barbes du poireau bien nettoyées de leur terre.
- Remplacer les fleurs de courgette, le poivre et le persil par 150 g de fleurs de sureau et 15 g de sucre.

VELOUTÉ DE COURGETTES & SA BOULE DE GLACE AU PIMENT

Pour 4 personnes

- 1 kg de courgettes
- 10 cl de lait concentré non sucré
- 10 cl d'eau
- 10 cl de crème fraîche liquide
- Sel et poivre blanc
- ½ à 1 c. à soupe de piment

La veille, préparer la glace au piment. Fouetter, jusqu'à épaississement, la crème liquide très froide avec 2 pincées de sel et du piment en poudre (adapter la quantité au goût souhaité). Conserver au congélateur. Laver les courgettes et les couper en morceaux. Faire cuire les courgettes avec le lait concentré et l'eau pendant 8 minutes dans un autocuiseur ou 20 minutes dans une cocotte normale. Mixer finement. Saler et poivrer. Ajouter un peu d'eau si la consistance est trop épaisse. Servir ce velouté bien chaud accompagné d'une boule de glace au piment.

VARIANTE

Velouté de courgettes à la menthe : pour la glace, remplacer le piment par 2 c. à soupe de menthe sèche bien écrasée. Et pour le velouté, ajouter dans l'eau de cuisson de la courgette les feuilles de 2 branches de menthe fraîche.

SALADE DE COURGETTES MARINÉES À L'ORIENTALE

Pour 4-6 personnes

- 1 kg de courgettes
- 60 g de raisins secs
- 40 g d'amandes effilées (facultatif)
- 10 brins de cerfeuil, de persil ou de menthe
- 1 c. à café d'épices pour couscous *ras-el-hanout* ou de curry
- 8 c. à soupe d'huile d'olive
- 5 c. à soupe de jus de citron (1 gros citron)
- Sel et poivre

Laver et couper les courgettes en rondelles très fines à l'aide d'une mandoline. Les plonger 1 à 2 minutes dans l'eau bouillante salée.

Refroidir sous le robinet, égoutter, sécher avec du papier absorbant et verser dans un grand saladier.
Dans une poêle, faire chauffer 2 à 3 minutes les raisins dans l'huile, en remuant de temps en temps. Ôter du feu, ajouter le *ras-el-hanout*, le jus de citron, le cerfeuil ciselé, le sel et le poivre. Verser chaud sur les courgettes.
Mélanger et laisser mariner la salade de courgettes une fois tiède au réfrigérateur au minimum 8 heures. Préparée la veille, cette salade n'en sera que meilleure.
Avant de servir, ajouter les amandes légèrement grillées à sec dans une poêle.

SALADE DE COURGETTES AUX PIGNONS

CRU

Pour 4 personnes

- 250 g de courgettes vertes
- 250 g de courgettes jaunes
- 250 g de comté
- 70 g de pignons de pin
- 70 g de graines de courge
- 1 petit oignon blanc
- 1 beau bouquet d'herbes fraîches (persil, menthe, basilic, ciboulette)
- 4 c. à soupe d'huile de noix
- 1 c. à soupe de vinaigre
- Sel et poivre

Laver les courgettes et les couper en petits dés, d'1 cm x 0,5 cm environ. Couper le comté en dés de la même taille. Émincer l'oignon blanc. Laver et ciseler les herbes fraîches. Mélanger le tout.
Dans une poêle, faire griller à sec quelques instants les pignons de pin. Ajouter les graines de courge et les pignons refroidis à la salade.
Saler, poivrer et ajouter huile de noix et le vinaigre. Bien mélanger.
Laisser au réfrigérateur une nuit avant de servir.

COURGETTES FROIDES FARCIES AU VERT

Pour 4 personnes

- 1,6 kg de courgettes
- 4 œufs durs
- 100 g de câpres au vinaigre
- 100 g de cornichons au vinaigre
- 1 bouquet de persil plat
- 1 bouquet de ciboulette
- 4 c. à soupe d'huile d'olive
- Sel et poivre

Faire cuire les œufs. Laver les courgettes et les couper en deux dans le sens de la longueur. Les faire cuire à la vapeur pendant environ 15 à 20 minutes, en fonction de leur taille. Elles doivent être cuites mais rester *al dente*. Enlever les graines au milieu et laisser égoutter au maximum.

Mélanger les jaunes d'œuf écrasés avec l'huile. Couper les blancs d'œuf, les cornichons et les câpres en petits morceaux. Ciseler la ciboulette et le persil. Mélanger tous ces ingrédients. Saler et poivrer.

Farcir les demi-courgettes avec ce mélange et placer au réfrigérateur quelques heures. Servir bien frais.

GRATIN DE COURGETTES À LA MENTHE

Pour 4 personnes

- 550 à 600 g de courgettes
- 3 branches de menthe sèche ou une vingtaine de feuilles fraîches
- 3 œufs
- 20 cl de crème fraîche
- 5 à 10 cl de lait ou de crème de soja (facultatif)
- 6 g de beurre
- Sel et poivre

Laver les courgettes, les couper en quatre dans la longueur sans les éplucher. Ôter les graines s'il y en a et couper chaque longueur en tronçons d'1 cm environ. Beurrer un plat à gratin et disposer les morceaux de courgette.

Ciseler les feuilles de menthe et les répartir sur les courgettes.

Dans un saladier, mélanger les œufs avec la crème fraîche. Saler et poivrer. Si la crème est trop épaisse, délayer avec un peu de lait. Verser la préparation sur les courgettes (elle doit pratiquement les recouvrir). Faire cuire au four préchauffé à 180°C pendant au moins 35 minutes. Vérifier avec la pointe d'un couteau que les courgettes sont cuites, mais elles doivent rester fermes.

TERRINE DE COURGETTE

Pour 6-8 personnes

- 700 g de courgettes
- 1 gros poivron rouge
- 250 g d'oignons
- 1 bouquet de persil
- 3 gousses d'ail
- 20 cl de crème fraîche
- 8 œufs
- 6 g de beurre
- Sel et poivre

Laver et couper les courgettes en rondelles et le poivron en morceaux. Peler et couper les oignons en rondelles. Faire cuire ces légumes 8 minutes à la vapeur et bien égoutter.
Dans un saladier, battre les œufs, ajouter la crème, l'ail haché et le persil ciselé. Saler et poivrer. Ajouter les légumes et bien mélanger. Verser le mélange dans un moule à cake beurré et placer au bain-marie dans le four préchauffé à 180°C pendant 40 minutes.
Surveiller la cuisson, la lame du couteau doit ressortir sèche.
Cette terrine se mange froide, accompagnée, par exemple, d'un coulis de tomate bien assaisonné.

VARIANTE

Remplacer les courgettes par du pâtisson.

TARTE AUX COURGETTES & AU FROMAGE DE CHÈVRE

Pour 6 personnes

- 1 pâte brisée (voir recette page 227)
- 500 g de courgettes
- 1,5 bûchette de fromage de chèvre
- 5 cl de crème liquide
- 2 c. à soupe d'huile d'olive
- Sel et poivre

Laver les courgettes et les couper, sans les éplucher, en rondelles épaisses d'un demi-centimètre. Dans une sauteuse, faire revenir rapidement les courgettes avec l'huile pour qu'elles dorent un peu, mais elles doivent rester fermes.
Préparer une pâte brisée en suivant la recette page 227 et l'étaler sur un moule à tarte. Disposer, sur la pâte, le fromage de chèvre coupé en rondelles épaisses, puis les rondelles de courgettes bien serrées, à la façon d'une tarte aux pommes. Saler et poivrer.
Arroser avec la crème liquide.
Mettre la tarte dans le four préalablement chauffé à 180°C pendant 20 minutes. Servir chaud ou froid.

GÂTEAU SUCRÉ AUX COURGETTES

Pour 6-8 personnes

- 550 g de courgettes
- 100 à 115 g de sucre
- 1 sachet de sucre vanillé
- 2 œufs
- 50 g de farine
- 50 g de fécule de maïs
- 50 g de beurre + 6 g pour beurrer le moule
- 1 c. à soupe de rhum
- 1 pincée de sel

Cette recette permet d'utiliser les très grosses courgettes.
Laver les courgettes et les faire cuire 10 minutes à la vapeur, sans les peler afin d'obtenir un gâteau couleur vert pistache.
Essorer les courgettes et les réduire en purée.

Mélanger les jaunes d'œuf et les sucres. Ajouter la farine et la fécule de maïs, puis le beurre fondu et le rhum. Bien mélanger le tout avant d'incorporer la purée de courgettes. Battre les blancs en neige avec une pincée de sel et les incorporer délicatement à la préparation. Beurrer et fariner un moule à gâteau. Verser la préparation et faire cuire environ 35 à 45 minutes dans le four préchauffé à 180°C.

Échalote

UN PEU DE BOTANIQUE

Allium cepa var. *aggregatum*, plante bulbeuse de la famille des Liliacées comme l'ail, la ciboulette ou l'asperge. Originaire d'Asie centrale, elle est connue en France au moins depuis le VIIIe siècle et a toujours eu une place importante dans la cuisine. On distingue deux familles : les échalotes grises et les roses.

PROPRIÉTÉS

L'échalote présente d'importantes propriétés nutritives lui conférant de nombreuses vertus médicinales : concentrée de protéines, elle est aussi riche en vitamines, oligoéléments et minéraux. Comme les plantes de la même famille, elle contient des substances soufrées responsables de son odeur mais également de certaines de ses vertus (en particulier la capacité à fluidifier le sang, bénéfique pour le système cardio-vasculaire). Elle est antioxydante, antibactérienne et antiallergique. On l'utilise pour soigner les calculs rénaux, les inflammations des voies urinaires, les anémies, les douleurs arthritiques ou rhumatismales.

PÉRIODE DE RÉCOLTE

De juillet à août.

CONSERVATION

Les bulbes secs dans une cave fraîche et aérée pendant plusieurs mois ou quelques semaines à température ambiante, dans un sachet en papier. L'échalote grise ne se conserve, en revanche, que quelques semaines après sa récolte. L'échalote émincée permet d'obtenir un excellent vinaigre aromatisé après 1 ou 2 mois de macération.

PARTIES COMESTIBLES

Le bulbe et les tiges fraîches.

UTILISATION

Les bulbes peuvent être utilisés comme légume à part entière (en soupe ou tarte, confit ou cuit en papillote au four pour accompagner une viande ou un poisson) ou comme condiment pour agrémenter tout type de plats qu'ils soient cuits (sauce béarnaise ou bordelaise, court-bouillon ou légumes) ou crus (en salade, crudité, vinaigrette). Les jeunes feuilles fraîches ciselées, ou l'échalote ayant commencé à germer, peuvent remplacer la ciboulette. L'échalote ne doit pas être revenue à feu trop vif car elle peut devenir amère.

RECETTES ALTERNATIVES

L'échalote peut remplacer l'ingrédient principal des recettes suivantes :

◊ **Tarte à l'oignon confit**, page 150.
◊ **Petits chaussons aux oignons**, page 149.

MOUSSE DE TOFU AUX ÉCHALOTES

CRU

Ingrédients

- 125 g de tofu soyeux (mou)
- 200 g d'échalotes
- 2 c. à soupe de jus de citron
- 5 c. à soupe d'huile d'olive
- 1 c. à soupe de sauce soja
- Sel et poivre
- 1 poignée de graines germées (par exemple de poireau)

Éplucher et hacher très finement les échalotes. Mélanger avec le tofu, le jus de citron, l'huile et la sauce soja. Saler et poivrer. Afin d'obtenir une pâte plus homogène, il est possible de mixer tous les ingrédients à l'aide d'un robot.
Servir à l'apéritif sur du pain grillé avec quelques graines germées pour décorer ou comme sauce d'accompagnement d'un filet de poisson ou de poulet cuits à la vapeur.

VARIANTE

Remplacer les échalotes par des grains de fèves.

VELOUTÉ D'ÉCHALOTES

Pour 4 personnes

- 450 g d'échalotes
- 400 g de champignons de Paris
- 25 cl de crème fraîche
- 2 c. à soupe d'huile d'olive
- 50 cl de bouillon de légumes (voir recette page 224)
- Sel et poivre
- 16 croûtons

Passer rapidement sous l'eau et émincer les champignons.
Éplucher et émincer les échalotes.
Dans une casserole, faire dorer les échalotes dans l'huile chaude pendant 5 minutes à feu doux. Ajouter les champignons et faire revenir le tout pendant 2 à 4 minutes. Saler et poivrer. Ajouter le bouillon, porter à ébullition et faire cuire pendant environ 7 minutes.
Ajouter la crème et mixer finement. Si besoin, ajouter de l'eau jusqu'à obtenir la consistance voulue.
Servir chaud avec les croûtons.

VARIANTE

Remplacer les échalotes par des oignons.

Endive

UN PEU DE BOTANIQUE

Cichorium intybus, de la famille des Astéracées comme la chicorée, l'artichaut, l'estragon ou le topinambour. L'endive, bien qu'obtenue à partir des racines d'un type de chicorée sauvage, n'existe pas à l'état naturel. En effet, la chicorée est d'abord cultivée en extérieur. Mais ensuite, les racines sont arrachées du sol et placées dans le noir où elles produiront le « chicon », cet ensemble de feuilles serrées de couleur blanche. Depuis le Moyen Âge, différents types de chicorées étaient cultivés à l'abri de la lumière pour en atténuer l'amertume. On ne consommait en salade que les jeunes feuilles, les moins amères, le reste étant destiné au bétail. C'est le jardinier en chef du Jardin botanique de Bruxelles qui, au XIXe siècle, perfectionna et systématisa le forçage pour obtenir des feuilles bien blanches. L'endive fait son apparition, quelques dizaines d'années plus tard, aux halles de Paris sous le nom d'« endive de Bruxelles ». Les cultivars récents ont été sélectionnés pour en diminuer l'amertume.

PROPRIÉTÉS

L'endive associe une faible valeur énergétique à un dense apport nutritionnel (en particulier des vitamines C et B9) et une importante diversité des apports en minéraux et oligoéléments. Elle est riche en fibres tendres bien tolérées par le système digestif, ce qui la rend très digeste. Elle stimule le transit intestinal, est diurétique et facilite l'épuration rénale.

PÉRIODE DE RÉCOLTE
De novembre à février.

CONSERVATION
Six à sept jours au frais dans le bac à légumes du réfrigérateur ou dans une cave fraîche. Dans les deux cas, elle doit être maintenue dans l'obscurité pour éviter que les feuilles ne verdissent et ne gagnent donc en amertume.

PARTIES COMESTIBLES
Les chicons.

UTILISATION
Cuites, braisées à la poêle, à la vapeur ou à l'étouffée, en potage, en velouté ou soupe, en quiche ou tarte, à la sauce béchamel, en gratin. Mais surtout crue dans tout type de salades ou à l'apéritif : ses feuilles peuvent être utilisées comme des barquettes croquantes que l'on garnit avec du fromage frais ou avec d'autres légumes, par exemple du caviar d'aubergines. Il est aussi possible d'utiliser l'endive en dessert, par exemple dans un crumble aux pommes. L'endive se marie bien avec le roquefort, les noix et les pommes.

SALADE D'ENDIVES & CHOU CHINOIS AUX NOIX

CRU

Pour 4-6 personnes
- 1 chou chinois
- 2 endives
- 150 g de cerneaux de noix
- 8 brins de persil

Pour la vinaigrette à l'ail
- 1 c. à soupe de vinaigre de cidre
- 1 c. à soupe d'huile de noix
- 1 c. à soupe d'huile de tournesol
- 1 c. à café de moutarde
- 1 gousse d'ail pilée
- Sel et poivre

Émincer le bout tendre des feuilles du chou chinois (jusqu'au tiers environ de sa longueur). Réserver les côtes, plus dures, pour une soupe ou un autre usage. Couper les endives en lamelles fines. Laver et essorer le chou et les endives.
Dans un saladier, mélanger le chou chinois, les endives et les noix concassées. Préparer une vinaigrette à l'ail. Verser la vinaigrette sur les légumes et bien mélanger pour que tous les ingrédients s'imprègnent de la sauce. Décorer avec du persil frais ciselé.

CAROTTES CONFITES AU CUMIN SUR LIT D'ENDIVES

Pour 4 personnes

- 12 feuilles d'endives
- 500 g de carottes
- 1 c. à soupe de miel
- 2 c. à soupe d'huile d'olive
- Le jus d'1 citron
- 1 c. à soupe de coriandre en poudre
- 1 c. à soupe de cumin moulu
- Sel et poivre

Choisir et laver les plus belles feuilles d'endives.
Éplucher et râper les carottes.
Dans une poêle, faire chauffer l'huile, le miel, les épices et le jus de citron, ajouter les carottes puis couvrir d'eau. Laisser cuire à feu doux et à couvert jusqu'à évaporation complète de l'eau, environ 20 à 30 minutes en remuant de temps en temps.
Servir froid à l'intérieur des feuilles d'endives.

VARIANTE

Ajouter 5 minutes avant la fin de la cuisson 2 cuillères à soupe d'un mélange composé de raisins secs, amandes, noisettes, graines de courges ou de tournesol, etc.

Épinard

UN PEU DE BOTANIQUE

Spinacia oleracea, de la famille des Chénopodiacées comme la blette, la betterave ou le quinoa. L'épinard est originaire d'Iran et, contrairement à beaucoup de plantes comestibles du Moyen-Orient, il n'était connu ni des Grecs ni des Romains, ou de façon très marginale. Introduit en Espagne par les Arabes avant l'an mil, puis en France au retour des croisades, il faut en fait attendre le XVIe siècle pour que Catherine de Médicis popularise ce légume en apportant de Florence, sa ville natale, des préparations appelées ensuite « à la florentine ».

PROPRIÉTÉS

L'épinard, riche en eau et pauvre en calories, comme tous les légumes feuilles, présente une haute densité en fibres, minéraux (potassium, calcium et sodium) et vitamines (provitamines A, B9, C et E). Il contient aussi des nitrates qui aident à la fluidification du sang. L'épinard est antianémique, fortifiant, cicatrisant, laxatif et stimule le transit intestinal.

PÉRIODE DE RÉCOLTE

De mai à juillet et de mi-octobre à novembre.

CONSERVATION
À consommer rapidement après la cueillette car il ne se conserve que 2 à 3 jours au réfrigérateur. Se congèle bien essoré après avoir été blanchi rapidement à la vapeur.

PARTIES COMESTIBLES
Les feuilles, les branches et les graines germées.

UTILISATION
Cru, en particulier les jeunes feuilles, en salade ; ou cuit, en soupe, terrine, soufflé, flan, gratin, purée, cake, galette, farce (feuilleté, chausson, brick) ou avec des pâtes. Le meilleur moyen de cuire les feuilles d'épinard est de les égoutter légèrement après les avoir nettoyées, sans les essorer, et de les faire cuire à couvert et à feu très doux quelques minutes, sans adjonction d'eau. Cuites ainsi, elles conserveront mieux leurs propriétés mais aussi leur couleur bien verte.

RECETTES ALTERNATIVES
L'épinard peut remplacer l'ingrédient principal des recettes suivantes :
◊ **Tourte toscane aux blettes**, page 39.
◊ **Pounti auvergnat rapide**, page 38.
◊ **Tarte aux orties & au thon**, page 153.
◊ **Samossas aux fanes de radis**, page 195.

CROQUETTES D'ÉPINARD

Pour 16 croquettes
- 600 g d'épinard frais
- 2 gros œufs
- 1 c. à soupe d'huile d'olive
- 1 c. à soupe de crème fraîche ou de crème de soja
- Sel aux herbes et poivre
- Noix de muscade

Pour la sauce béchamel (ou pour une sauce plus légère)
- 15 g de beurre ou 2 c. à soupe d'huile d'olive
- 1 c. à soupe bombée de farine ou d'arrow-root
- 25 cl de lait ou de bouillon de légumes (voir recette page 224)

Laver et faire cuire les feuilles d'épinard à l'étuvée pendant 10 à 15 minutes, selon la taille des feuilles. Puis les égoutter et les presser. Dans une casserole, faire fondre le beurre. Ajouter la farine et remuer 2 à 3 minutes : elle doit épaissir mais ne pas changer de couleur. Verser le lait progressivement, sans cesser de remuer, jusqu'à épaississement de la sauce. Mélanger cette sauce béchamel très épaisse aux épinards hachés. Ajouter les œufs battus en omelette et un peu de crème épaisse. Saler, poivrer et parfumer de noix de muscade fraîchement râpée. Faire chauffer la poêle avec un peu d'huile. Lorsqu'elle est bien chaude, y faire glisser séparément de grosses cuillères à soupe de la préparation. Faire dorer sur les 2 faces. Continuer jusqu'à épuisement de la préparation.

VARIANTE

Remplacer les épinards par des fanes de radis hâchées très fin.

TARTE AUX ÉPINARDS, À LA NOIX DE COCO & AU FROMAGE DE CHÈVRE

Pour 6 personnes

- 1 kg d'épinards
- 10 cl de crème de soja
- 10 cl de lait de coco
- ½ c. à café de purée de piment doux ou d'harissa
- ½ c. à café de coriandre moulue
- 1 œuf
- 1 bûchette de fromage de chèvre
- Sel
- 1 pâte feuilletée (voir recette page 227)

Laver et faire cuire les feuilles d'épinard à l'étuvée pendant 10 à 15 minutes, selon la taille des feuilles. Les presser à la fin de la cuisson pour enlever l'excédent d'eau.
Préparer une pâte feuilletée selon la recette page 227, l'étaler sur un moule à tarte et la recouvrir d'une fine couche de farine pour que les épinards ne la ramollissent pas trop. Préparer des tranches de bûche de chèvre (au moins une par portion de tarte).
Dans un saladier, battre l'œuf en omelette et mélanger avec la crème de soja, le lait coco, le sel, le piment, la coriandre. Ajouter les épinards grossièrement coupés. Verser le mélange sur la pâte à tarte, bien répartir, et disposer les tranches de fromage par-dessus. Introduire immédiatement dans le four préchauffé à 190°C et faire cuire pendant 25 minutes.

CRUMBLE D'ÉPINARDS

Pour 4 personnes

- 1 kg d'épinards
- 300 g de fromage frais de chèvre ou de brebis
- 1 c. à soupe d'huile d'olive
- 100 g de biscottes complètes
- 140 g de beurre très froid ou de purée de noisettes
- 85 g de noix (facultatif)
- Sel et poivre

Laver les épinards et les faire fondre dans une poêle avec l'huile. Quand ils sont cuits, les hacher grossièrement au couteau et incorporer le fromage frais coupé en morceaux. Saler, poivrer et mélanger.
Préparer un appareil à crumble en mélangeant grossièrement les biscottes émiettées, les noix hachées et le beurre froid coupé en petits morceaux ou la purée de noisettes.
Disposer les épinards dans un plat à gratin, étaler l'appareil à crumble par-dessus et faire cuire dans le four préchauffé à 200°C pendant 20 à 30 minutes. Servir immédiatement.

VARIANTE

Émietter 2 pavés de saumon, ou 2 filets de truite, sans peau, entre les épinards et la pâte à crumble.

ÉPINARDS AU BEURRE DE CACAHUÈTES

Pour 4 personnes

- 1 kg d'épinards
- 1 gros poivron rouge
- 1 piment
- 150 g d'oignons
- 1 c. à soupe d'huile de tournesol
- 400 g de tomates bien mûres ou 250 g de concentré de tomate
- 4 c. à soupe de beurre de cacahuètes
- Sel

Laver les épinards. Peler et émincer les oignons. Laver et couper en dés les tomates. Laver, ôter les graines et couper en morceaux le piment et le poivron.

Dans une poêle avec un peu d'huile, faire revenir les oignons à feu moyen jusqu'à ce qu'ils deviennent transparents. Ajouter le poivron et les tomates, et laisser cuire pendant 2 minutes. Ajouter les épinards à peine essorés, le piment et le sel. Laisser mijoter, à couvert, pendant 10 minutes.
Mélanger le beurre de cacahuètes avec un peu d'eau chaude pour en faire une pâte liquide. L'ajouter aux légumes et laisser mijoter 10 minutes en remuant bien. Ajouter de l'eau si la sauce est trop épaisse. Servir chaud.

VARIANTES

- Remplacer les épinards par le vert des blettes.
- Remplacer les épinards par 800 g de fanes de navet préalablement cuites à la vapeur pendant 8 minutes.
- Remplacer les épinards par 700 g de haricots verts.

COMPOTE D'ÉPINARDS AUX POIRES

Pour 6 personnes

- 1 kg d'épinards
- 500 g de poires
- 20 g de beurre ou de beurre clarifié (voir recette page 223)
- Sel et poivre

Laver les épinards. Peler et couper les poires en morceaux. Dans une cocotte, faire fondre le beurre et laisser mijoter les épinards et les poires jusqu'à cuisson complète. Mixer, saler et poivrer généreusement. Servir chaud avec une volaille ou un filet de porc.

Fenouil

UN PEU DE BOTANIQUE

Foeniculum vulgare, de la famille des Apiacées comme la carotte, le céleri, le persil ou le panais. Originaire du bassin méditerranéen, où il pousse à l'état sauvage sur les terrains rocailleux et secs, ce légume au goût anisé y est consommé depuis des siècles. Cultivé par les Égyptiens, il était populaire chez les Grecs et les Romains. Toutefois, les bulbes tels qu'on les cultive aujourd'hui, qui sont en fait des tiges renflées, n'existaient pas à l'état sauvage et résultent d'un long processus de sélection entrepris en Italie, pays où ce légume est le plus cultivé et consommé actuellement. C'est Catherine de Médicis qui, au XVIe siècle, l'a introduit en France.

PROPRIÉTÉS

Légume à très haute densité nutritionnelle, apportant sels minéraux (potassium, magnésium, calcium, fer et phosphore) et vitamines (A, B, C et E). Riche en fibres bien tolérées, il améliore le transit et procure un sentiment de satiété tout en apportant peu de calories. Il contient aussi des substances aromatiques, concentrées plus particulièrement dans la graine, connues pour leurs vertus digestives. Le fenouil est apéritif, diurétique, digestif, tonique et antioxydant (en particulier les feuilles et les tiges). Cependant, pour bénéficier de tous ses bienfaits, il est préférable de le consommer le plus rapidement possible.

PÉRIODE DE RÉCOLTE
De juin à octobre.

CONSERVATION
Quelques jours seulement au réfrigérateur, dans un contenant hermétique ou dans un torchon humide. Le bulbe peut être congelé après avoir été blanchi quelques minutes. Dans tous les cas, frais ou congelé, il doit être consommé rapidement car il perd rapidement de sa saveur. Les feuilles vertes hachées se congèlent crues. Elles peuvent aussi être séchées pour être utilisées comme condiment.

PARTIES COMESTIBLES
Les tiges entières (le bas renflé ou bulbes, et le haut), les feuilles, les fleurs et les graines sèches ou germées.

UTILISATION
Le bulbe cru finement émincé en salade, à croquer à l'apéritif ou râpé sur des pâtes ; ou cuit, émincé ou entier pour mieux préserver son arôme : sauté, braisé, rôti au four, à la vapeur, en soupe, couscous, risotto, gratin ou en compote avec des oignons. Les feuilles vertes et les graines parfument et décorent tout type de plats, en particulier poissons, légumes, pâtes, soupes, bouillons, œufs. Pour son goût anisé, le fenouil est souvent associé aux poissons et crustacés, mais il peut également être utilisé pour des préparations sucrées. Il se marie très bien à l'orange, aux olives noires et au parmesan. Les fleurs peuvent se préparer en beignets ou en assaisonnement après avoir été séchées et réduites en poudre.

SALADE DE FENOUIL AU CURRY

CRU

Pour 4 personnes
- 200 g de fenouil
- 300 g de pommes
- 250 g de carottes
- 100 g de noix
- 50 g de raisins secs sultanine
- 100 g d'oignons rouges
- 3 c. à soupe de vinaigre de cidre
- 4 c. à soupe d'huile de noix
- 2 à 3 c. à café de curry doux en poudre
- Sel

Réhydrater les raisins dans un peu d'eau tiède.
Éplucher et râper la carotte. Laver et émincer le fenouil avec une mandoline. Laver et couper les pommes en lamelles. Peler et émincer les oignons.
Dans un saladier, mélanger l'huile, le vinaigre, le curry et le sel. Incorporer les légumes, les noix et les raisins égouttés. Mélanger délicatement. Servir parsemé d'un peu de curry pour décorer.

CONFIT DE FENOUIL AU MIEL

Pour 4-6 personnes
- 800 g de fenouil
- 1 citron non traité
- 2 petits oignons nouveaux
- 20 g de miel
- 25 g de beurre ou de beurre clarifié (voir recette page 223)
- Sel et poivre

Râper le zeste du citron avec une grille fine. Laver et émincer finement les bulbes de fenouil et les oignons.
Dans une poêle, faire chauffer le beurre. Lorsqu'il mousse, ajouter le fenouil, l'oignon émincé, les zestes de citron, le miel et un peu de jus du citron. Saler et poivrer. Mélanger, couvrir et laisser confire à feu très doux pendant 30 minutes.

VARIANTE

Remplacer le fenouil par 700 g de betterave précuite 40 minutes dans l'eau bouillante et coupée en fines lamelles.

TARTE AUX LÉGUMES FAÇON TATIN

Pour 6-8 personnes

- 300 g de navets
- 100 g de carottes
- 300 g de fenouil
- 200 g d'oignons
- 1 orange
- 3 c. à soupe de cassonade
- Sel et poivre
- 1 c. à soupe d'herbes de Provence
- 1 pâte feuilletée (voir recette page 227)
- 50 g de beurre

Éplucher les navets, les carottes et les oignons. Laver les fenouils. Couper en fines rondelles les navets et les carottes. Émincer les fenouils et les oignons.
Dans une grande poêle ou dans un *wok*, faire revenir à feu doux les fenouils et les oignons avec 15 g de beurre, 1 cuillère à soupe de cassonade et le jus de l'orange. Saler. Poivrer généreusement. Attendre l'évaporation complète du jus d'orange, environ 15 minutes (les légumes doivent être tendres) et réserver.
En même temps, faire cuire les carottes et les navets dans une poêle avec un fond d'eau, du sel et 15 g de beurre pendant 15 minutes.
Dans un plat à tarte, déposer le papier sulfurisé et le beurrer généreusement avec le beurre restant. Répartir les 2 cuillères à soupe de cassonade restantes sur le fond. Déposer une première couche avec les navets et les carottes. Poivrer. Déposer une deuxième couche avec les fenouils et les oignons. Poivrer à nouveau. Recouvrir le tout avec une pâte feuilletée, préparée selon la recette de la page 227, et l'inciser au centre, pour éviter qu'elle ne gonfle trop.
Faire cuire 30 à 40 minutes dans le four préchauffé à 190 °C. Si la pâte feuilletée dore trop rapidement, diminuer le four à 150 °C et laisser cuire tranquillement. Une fois cuite, poser un plat de service sur la tarte et retourner d'un geste rapide. Enlever délicatement le papier sulfurisé et saupoudrer d'herbes de Provence.

PÂTES AUX SARDINES, À L'AIL & AU FENOUIL RECETTE SICILIENNE

Pour 4 personnes

- 400 g de spaghettis
- 650 g de sardines fraîches
- 150 g d'oignons
- 3 gousses d'ail
- 2 filets d'anchois
- 500 g de branches de fenouil (sauvage de préférence)
- 2 c. à soupe de pignons de pin
- 2 c. à soupe de raisins secs
- 6 cl de vin blanc
- Safran
- 4 c. à soupe d'huile d'olive
- Sel

Laver le haut des tiges du fenouil (réserver les bulbes pour une autre préparation), les couper et les faire cuire dans l'eau salée pendant 20 minutes. Égoutter et réserver l'eau de cuisson. Verser le safran dans un peu d'eau de cuisson du fenouil, chauffer et réserver.
Enlever la peau, la tête, la queue et les arêtes des sardines. Émietter grossièrement la chair.
Dans une poêle, chauffer l'huile et faire revenir les oignons et l'ail, pelés et émincés finement, jusqu'à ce qu'ils deviennent translucides. À feu vif, ajouter les miettes de sardines, les anchois et le fenouil haché. Au bout de 3 minutes, mouiller avec le vin et laisser mijoter pendant 15 minutes, en remuant régulièrement. Ajouter un peu d'eau de cuisson du fenouil, si besoin. Ajouter les pignons, les raisins secs et l'eau safranée. Laisser mijoter encore 15 minutes : la sauce est prête lorsqu'elle a un aspect dense et consistant. Saler.
Utiliser l'eau de cuisson du fenouil pour faire cuire les pâtes. Lorsqu'elles sont *al dente*, mélanger avec la sauce aux sardines et servir aussitôt.

LENTILLES AU FENOUIL

Pour 6 personnes

- 250 g de lentilles du Puy
- 600 g de fenouil
- 250 g d'oignons
- 2 c. à soupe d'huile d'olive
- 2 c. à café de cumin en poudre
- 1 c. à café de graines de fenouil
- Sel

Peler et émincer l'oignon. Laver et couper le fenouil en petits morceaux. Faire chauffer l'huile dans une casserole. Lorsqu'elle est chaude, faire griller quelques instants le cumin en poudre et les graines de fenouil. Ajouter les oignons et le fenouil. Faire revenir, sans cesser de remuer, jusqu'à ce que l'oignon devienne translucide, sans griller.
Ajouter les lentilles, préalablement lavées, et l'équivalent de trois fois leur volume d'eau. Porter à ébullition puis réduire à feu moyen, et à couvert, pendant 20 à 30 minutes.
Ne pas hésiter à goûter et à prolonger la cuisson si nécessaire.
Saler en fin de cuisson et servir chaud.

FINANCIER AUX GRAINES DE FENOUIL & AUX PISTACHES

Pour 6 personnes

- 160 g de sucre
- 85 g de farine T80
- 4 blancs d'œufs
- 110 g de beurre salé + 5 g pour beurrer le moule
- 25 g de pistaches nature ou salées
- 85 g d'amandes entières
- 5 g de graines de fenouil

À l'aide d'un robot, mixer le sucre pour obtenir une texture proche de celle du sucre glace. Hacher grossièrement, pour garder de petits morceaux croquants, les amandes et les pistaches.
Faire fondre le beurre et le laisser tiédir.
Dans un saladier, mélanger le sucre, la farine, les amandes et les pistaches. Incorporer les blancs d'œufs battus à la fourchette (aérés et non pas montés en neige) et le beurre. Mélanger délicatement.

Beurrer un grand moule allant au four, verser la préparation en couche fine (environ 1 cm d'épaisseur). Saupoudrer de graines de fenouil. Enfourner à 180°C pendant 15 à 25 minutes. Surveiller la cuisson jusqu'à ce que l'aspect soit légèrement doré et que la pointe du couteau ressorte sèche. Couper en petits losanges et servir avec un café ou une tisane.

VARIANTE

Remplacer les graines de fenouil par 100 g de rhubarbe coupée en morceaux disposés sur la surface de la pâte juste avant de l'enfourner.

Fève

UN PEU DE BOTANIQUE
Vicia faba, de la famille des Fabacées comme le haricot, la lentille, le petit pois ou le soja. Plante originaire d'Asie et du Moyen-Orient, elle est aujourd'hui cultivée dans le monde entier. L'ancêtre sauvage de ce légume, déjà cultivé à l'âge de pierre, a aujourd'hui disparu. Pouvant se conserver à l'état sec, la fève, tout comme le pois ou la lentille, a constitué une base importante de l'alimentation durant l'Antiquité et le Moyen Âge, jusqu'à l'introduction du haricot et de la pomme de terre après la découverte de l'Amérique.

PROPRIÉTÉS
La fève possède des propriétés nutritionnelles remarquables par son apport en glucides, en protéines, ainsi que par sa faible teneur en matières grasses. Elle contient également un bon taux de vitamines (B, C et E) et de minéraux (potassium, calcium et magnésium). Son apport en fibres, particulièrement élevé, aide à lutter contre la constipation et améliore la satiété. La fève a une action positive contre la fatigue et sur le système digestif.

PÉRIODE DE RÉCOLTE
De mai à juillet.

CONSERVATION
Les grains de fèves, dans leur cosse, se conservent 3 à 4 jours au réfrigérateur. Il est conseillé de ne les écosser qu'au dernier moment. Les cosses et les fèves peuvent se congeler après avoir été blanchies. Les grains, écossés mais avec leur deuxième peau, peuvent être séchés dans un endroit sec et à l'abri de la lumière. Une fois bien secs, ils se conservent pendant 1 an dans un récipient hermétique.

PARTIES COMESTIBLES
Les grains (frais, secs ou germés) et les cosses (à condition d'être bien fraîches et vertes).

UTILISATION
Les grains (secs ou frais) cuits à la vapeur, à la poêle, à l'étuvée, en purée, en ragoût, en soupe, en velouté ; les grains frais, crus à la croque-au-sel, en salade ou en vinaigrette. Les cosses les plus tendres se consomment comme les haricots verts, coupées en tronçons (poêlées avec de la poitrine fumée, en ragoût et, en particulier, avec une sauce tomate) après avoir enlevé les filaments latéraux. Elles doivent être utilisées rapidement car elles noircissent vite. Les autres peuvent être préparées en soupe ou purée après avoir été passées au chinois si elles contiennent beaucoup de fibres.

RECETTES ALTERNATIVES
Les fèves peuvent remplacer l'ingrédient principal des recettes suivantes :
◊ **Mousse de tofu aux échalotes**, page 107.
◊ **Clafoutis de tomates au thon**, page 216.
◊ **Soupe de cosses de petits pois**, page 173.

COSSES DE FÈVES SAUTÉES & LEUR HOUMOUS

Pour 4 personnes
- 800 g de fèves bien fraîches
- 130 g d'oignons
- 1 gousse d'ail
- 2 c. à soupe d'huile d'olive
- 400 g de tomates bien mûres
- 4 cl de vin blanc
- Sel et poivre
- 50 cl de bouillon de légumes (voir recette page 224)

Pour l'houmous de fèves
- 2 gousses d'ail
- 1 échalote
- 20 g de pistaches nature ou salées
- 10 cl d'huile d'olive
- Le jus d'½ citron
- 1 c. à café de thym
- 1 pincée de piment d'Espelette
- Sel et poivre
- ½ c. à café de paprika

Laver et écosser les gousses (réserver les grains pour l'houmous). À l'aide d'un couteau, ôter les extrémités et les bords latéraux. Détailler les cosses en morceaux. Laver les tomates et les couper en quartiers.

Peler et émincer l'ail et les oignons. Les faire dorer dans une poêle avec l'huile. Ajouter les cosses et mouiller avec un fond de bouillon. Laisser mijoter à couvert pendant 20 minutes. Ajouter les tomates et le vin, et laisser mijoter encore 10 à 15 minutes, jusqu'à ce que les cosses soient bien tendres. Découvrir pendant les 5 dernières minutes afin que le liquide s'évapore en grande partie. Saler et poivrer.
Pendant ce temps, préparer un houmous avec les grains de fèves (environ 400 g). Plonger les grains dans l'eau bouillante salée pendant 4 minutes pour les blanchir. Mixer les grains avec tous les autres ingrédients, sauf le paprika, jusqu'à obtention d'une pâte épaisse et onctueuse. Si besoin, ajouter un peu d'eau de cuisson des fèves.
Servir les cosses de fèves accompagnées un peu d'houmous, saupoudré de paprika pour décorer. Celui-ci peut se servir également tartiné à l'apéritif, en garniture de sandwich ou d'un avocat, ou en complément de crudités.

PAPILLOTES DE LIEU AUX FÈVES

Pour 4 personnes

- 1,5 kg de fèves fraîches
- 1 bouquet de sarriette
- 500 g de filets de lieu
- 8 petits oignons nouveaux
- 4 c. à soupe d'huile d'olive
- Sel et poivre

Écosser les fèves (réserver les cosses pour une autre préparation). Mettre les fèves dans un faitout avec un bouquet de sarriette et recouvrir d'eau bouillante. Saler, porter à ébullition et laisser cuire 20 minutes à feu doux. Égoutter et réserver l'eau de cuisson.
Laver et émincer les oignons nouveaux (le vert et le blanc).
Découper 4 rectangles de papier d'aluminium. Disposer au centre de chaque rectangle des oignons, quelques fèves et recouvrir avec les filets de lieu. Relever les bords du papier d'aluminium pour faire une sorte de récipient, arroser avec 1 cuillère d'huile et 1 cuillère de bouillon de cuisson des fèves. Saler, poivrer et saupoudrer de sarriette. Fermer chaque papillote en pliant le papier d'aluminium. Faire cuire dans le four préchauffé à 190°C pendant 20 minutes. Servir aussitôt.

Haricot

UN PEU DE BOTANIQUE

Phaseolus vulgaris, de la famille des Fabacées comme la fève, la lentille, le petit pois ou le soja. Il est originaire d'Amérique Centrale et du Sud où il était déjà cultivé pour ses graines sèches il y a plus de 7 000 ans. Facile à cultiver et produisant des graines pouvant se conserver longtemps, le haricot s'est rapidement généralisé en Europe, remplaçant partiellement ou totalement d'autres légumineuses anciennes (pois chiche, lentille, fève ou dolique mongette). Ce n'est qu'à la fin du XVIIIe siècle, en Italie, qu'il a commencé à être consommé à l'état de gousse verte, et la seconde moitié du XXe siècle marque un ralentissement de la consommation de la graine sèche.

PROPRIÉTÉS

Le haricot, en particulier le grain sec, est particulièrement riche en fibres, protéines et glucides dont l'amidon. Il apporte rapidement un sentiment de satiété. Il est également riche en minéraux (potassium, magnésium, phosphore et fer, en particulier le grain sec) et en vitamines (surtout A, C et B pour le haricot vert, et B et E pour le sec).

PÉRIODE DE RÉCOLTE

De juin à septembre pour les haricots verts ; de septembre à octobre pour les haricots secs.

CONSERVATION

Le haricot vert doit être consommé rapidement car il se dessèche vite. À conserver uniquement quelques jours au réfrigérateur dans un torchon humidifié. Il peut être congelé après avoir été blanchi et la stérilisation en pot est possible. Le grain demi-sec peut être conservé dans sa cosse 1 semaine au réfrigérateur. Le grain sec se conserve 1 an dans un récipient hermétique, au frais et au sec.

PARTIES COMESTIBLES

Les fruits verts immatures (gousses ou cosses) et les grains (demi-secs ou à écosser, secs et germés).

UTILISATION

Le haricot vert se déguste surtout cuit (car il contient de l'amidon, indigeste à l'état cru) chaud ou froid : nature en accompagnement de nombreux plats, sauté, en sauce tomate, en purée, soupe ou salade. Une cuisson brève, à la vapeur, est conseillée pour qu'il garde son croquant et ses vitamines. Afin de lui conserver sa couleur verte, le cuire à découvert et le plonger dans l'eau froide après cuisson. Le haricot sec nécessite un trempage préalable et une cuisson longue pour être digeste. C'est le cas dans de nombreux plats régionaux où les haricots mijotent à feu doux avec d'autres ingrédients (cassoulet, chili con carne ou feijoada). Une fois cuit, il peut se déguster froid (en purée, salade) ou chaud (en soupe, purée, tarte, en sauce). Réputé pour provoquer des flatulences, il est conseillé d'ajouter une feuille de laurier ou de sauge à la cuisson.

RECETTES ALTERNATIVES

Les haricots peuvent remplacer l'ingrédient principal des recettes suivantes :

◊ **Épinards au beurre de cacahuètes**, page 115.

◊ **Clafoutis de tomates au thon**, page 216.

HARICOTS COCO À LA MENTHE

Pour 4 personnes

- 400 g de haricots à écosser ou 200 g de haricots secs
- 2 belles branches de menthe et quelques feuilles pour décorer
- 1 c. à soupe d'huile d'olive
- 120 g d'oignons
- 2 gousses d'ail
- 1 feuille de laurier
- Sel
- 2 c. à café de fécule de maïs

Peler et émincer l'ail et les oignons. Les faire revenir dans une sauteuse avec l'huile jusqu'à ce qu'ils dorent légèrement. Ajouter les haricots coco ou les haricots secs après avoir fait tremper ces derniers dans l'eau froide pendant 12 heures. Couvrir d'eau et porter à ébullition. Ajouter la feuille de laurier et les branches de menthe. Faire cuire à feu moyen, en surveillant l'eau, pendant 45 minutes (ou pendant 1 h 30 pour les haricots secs). Saler.

Dans un verre, avec un peu d'eau froide, diluer la fécule de maïs. L'ajouter aux haricots dès qu'ils sont tendres. Laisser à feu doux 2 à 3 minutes jusqu'à ce que le jus épaississe.

Servir chaud avec de la menthe fraîche ciselée.

TARTE AUX HARICOTS SECS

Pour 6 personnes

- 1 pâte brisée ou feuilletée de 230 g (voir recettes page 227)
- 200 g d'oignons
- 300 g de haricots secs blancs ou rouges
- 1 c. à café de cumin en poudre
- 1 c. à café de coriandre en poudre
- 3 c. à soupe de crème fraîche ou de crème de soja
- 3 c. à soupe de jus de citron
- 3 c. à soupe d'huile d'olive
- 50 g de tomme de brebis râpée
- Sel et poivre

Faire tremper les haricots secs la veille. Jeter l'eau de trempage. Recouvrir les haricots d'eau et les faire cuire pendant 1 heure à 1 h 30,

en fonction des variétés. Une fois cuits, écraser sommairement les deux tiers des haricots.
Préparer un mélange avec 2 cuillères à soupe d'huile, les oignons émincés et l'ensemble des haricots. Saler, poivrer et assaisonner avec le cumin et la coriandre en poudre. Bien mélanger.
Préparer une pâte en suivant la recette page 227. Abaisser la pâte, en garnir un moule à tarte et répartir ce mélange sur le fond de la pâte.
Dans un saladier, mélanger la crème fraîche, le jus de citron, l'huile restante et la tomme de brebis râpée. Répartir cette préparation sur les haricots.
Faire cuire au four, préalablement chauffé à 180°C, pendant 30 à 40 minutes.

SPAGHETTIS AUX HARICOTS VERTS

Pour 4 personnes

- 400 g de spaghettis
- 500 g de haricots verts
- 1 bouquet de basilic (environ 50 feuilles)
- 3 gousses d'ail
- 4 c. à soupe d'huile d'olive
- 1 c. à café de crème d'anchois ou 100 g d'anchois à l'huile
- 100 g de parmesan ou de comté râpé
- Sel et poivre

Laver et équeuter les haricots.
Chauffer un grand volume d'eau dans un faitout. Dès l'ébullition, saler et plonger les haricots. Attendre 10 minutes après la reprise de l'ébullition pour y ajouter les spaghettis. Laisser cuire 5 à 10 minutes. Les spaghettis, comme les haricots, doivent rester croquants.
Broyer l'ail (pelé et coupé en deux), les feuilles de basilic, le sel, le poivre, la crème d'anchois (ou les anchois à l'huile) et l'huile d'olive dans un mortier ou dans un mixeur afin d'obtenir une pâte homogène.
Verser ce mélange dans un saladier. Ajouter les spaghettis et les haricots. Bien Remuer. Saupoudrer de fromage râpé.

Laitue

UN PEU DE BOTANIQUE
Lactuca sativa, de la famille des Astéracées comme l'artichaut, le cardon, le tournesol ou le topinambour. C'est le latex, ou suc laiteux qu'elle contient, qui lui donne son nom. Il en existe une très grande quantité de variétés : frisée, pommée, batavia, Boston, iceberg, romaine... et même la laitue asperge cultivée pour sa tige renflée. Probablement originaire de la zone méditerranéenne, où des variétés sauvages poussent encore de nos jours, les Grecs auraient été les premiers à la cultiver. Les premières espèces étaient formées d'une tige élevée sur laquelle poussaient de petites feuilles amères. Les Romains ont ensuite essayé d'atténuer cette amertume en protégeant la plante de la lumière à la fin de sa croissance. Des siècles de sélection ont permis de développer la taille des feuilles de la laitue, de réduire sa tige et de diminuer son amertume.

PROPRIÉTÉS
La laitue est réputée comme calmant : on l'a ainsi appelée « herbe des sages », « des philosophes » ou « des moines ». La laitue frisée contient beaucoup de vitamines A et K, la laitue romaine des vitamines C et B9. La laitue rouge est la plus riche en antioxydants. Diurétique et laxative, avec 95 % d'eau, l'apport énergétique de la laitue est très faible.

PÉRIODE DE RÉCOLTE
De février à novembre, selon les variétés.

CONSERVATION
Lavée et essorée, dans un saladier recouvert de film alimentaire, la laitue se conserve 1 semaine. Éviter la proximité avec certains fruits (en particulier les pommes, poires et bananes) dont l'éthylène accélère le pourrissement de la laitue. La congélation est possible, mais uniquement si la laitue est cuite.

PARTIES COMESTIBLES
Les tiges renflées de certaines variétés et les feuilles.

UTILISATION
On mange la laitue crue, en salade, avec une vinaigrette, qui permet de mieux absorber les antioxydants ; ou cuite, ce qui permet d'utiliser les feuilles extérieures, plus coriaces, ou les laitues flétries, encore bonnes mais moins appétissantes à l'œil : en soupe, braisée ou à l'étouffée, en tourte ou tarte. Blanchies, les feuilles peuvent être utilisées comme les feuilles de vigne pour préparer des papillotes farcies.

RECETTES ALTERNATIVES
La laitue peut remplacer l'ingrédient principal des recettes suivantes :
◊ **Rouleaux aux blettes**, page 37.
◊ **Soupe aux orties**, page 153.

GASPACHO DE LAITUE & CONCOMBRE

CRU

Pour 4 personnes
- 450 g de concombres
- 20 feuilles de laitue
- Le jus d'½ citron
- 2 c. à soupe d'huile d'olive
- 1 yaourt nature
- 6 feuilles de menthe
- 6 feuilles de coriandre
- Sel et poivre

Laver les concombres et les couper en dés. Laver les feuilles de laitue et les couper en lamelles.
Dans un robot, mixer finement tous les ingrédients. Saler et poivrer.
Si le résultat est trop épais, ajouter un peu d'eau. Pour une consistance plus homogène, il est possible de passer le gaspacho à travers une passoire fine.
Mettre au réfrigérateur pendant au moins 2 heures. Servir très frais.

SALADE EN CAMAÏEU DE VERTS PRINTANIERS

Pour 4 personnes

- 1 cœur de laitue, sucrine ou batavia
- 100 g de jeunes pousses de roquette
- 150 g de pommes de terre
- 1 pomme
- 3 bouquets de brocoli cuits ou crus (au choix)
- 1 avocat mûr
- ½ gousse d'ail
- Sel aux herbes
- 8 tours de moulin à poivre + graines de coriandre
- 1 c. à soupe de vinaigre
- 3 c. à soupe d'huile d'olive

Peler et faire cuire les pommes de terre à la vapeur. Couper les pommes de terre, l'avocat et la pomme en cubes. Laver et égoutter la roquette et le cœur de sucrine (ou autre salade tendre). Couper les bouquets de brocoli en morceaux de même taille que pour la pomme et l'avocat. Dans un grand saladier, placer tous ces ingrédients. Presser dessus la demi-gousse d'ail, saler, donner 8 tours de moulin à poivre et mélanger délicatement. Terminer avec le trait de vinaigre et l'huile. Mélanger délicatement et servir aussitôt.

VARIANTE

Remplacer la roquette par des feuilles de pourpier.

CHAUSSONS DE VERDURE

Pour la pâte

- 500 g de farine T80
- 1 cube de levure fraîche de boulanger
- 1 pincée de sel
- 4 œufs
- 150 g de beurre ou de margarine

2 c. à café de graines de pavot
20 cl de lait

Pour la garniture

- 1 kg de laitue
- 3 c. à soupe d'huile d'olive
- 2 gousses d'ail
- 2 échalotes
- 250 g de parmesan
- 2 c. à soupe de chapelure
- Sel et poivre

Laver la laitue et la faire cuire environ 8 minutes à la vapeur jusqu'à ce qu'elle se ramollisse. Peler et hacher l'ail. Peler et émincer finement les échalotes. Égoutter et couper les feuilles de laitue grossièrement. Mélanger avec l'huile, l'ail, les échalotes, le parmesan finement râpé, la chapelure, le sel et le poivre.
Dissoudre la levure dans le lait salé. Dans un saladier, mettre la farine, faire un puits, casser les œufs et les battre en omelette.
Ajouter le beurre fondu, les graines de pavot et la levure dissoute. Bien mélanger. Faire une boule et laisser reposer au chaud pendant 2 heures.
Étendre la pâte à l'aide d'un rouleau. Découper des carrés, déposer un tas de garniture sur un côté (sans aller jusqu'au bord pour pouvoir refermer ensuite). Fermer chaque chausson en appuyant sur les bords avec une fourchette. Faire cuire dans le four préchauffé à 200°C pendant 15 minutes. Servir chaud en entrée.

VARIANTES

- Remplacer la laitue par le vert des blettes.
- Remplacer la laitue par un mélange de laitue, feuilles de pissenlit et fanes de radis ou de navet hâchées finement.

LAITUES BRAISÉES AU BOULGOUR

Pour 4 personnes

- 50 g de boulgour
- 4 laitues
- 120 g de carottes
- 125 g d'oignons
- 50 cl de bouillon de légumes (voir recette page 224)
- 30 g de margarine
- Sel et poivre

Cette recette permet d'utiliser l'excès de laitues ou celles qui commencent à monter en graine.
Bien laver les laitues, les blanchir quelques minutes à l'eau bouillante salée. Laisser égoutter.
Dans une cocotte, faire revenir dans la margarine le boulgour et les oignons pelés et émincés. Mouiller avec le bouillon de légumes.
Poser les laitues et la carotte lavée et coupée en rondelles par-dessus.
Saler et poivrer. Fermer la cocotte et laisser cuire à feu doux 30 minutes environ.

Menthe

UN PEU DE BOTANIQUE

Mentha, de la famille des Lamiacées comme le basilic, l'origan, le thym ou les crosnes. Elle semble originaire du pourtour méditerranéen et de l'ouest de l'Asie, et était connue dès l'Antiquité. En France, on la cultive depuis le Moyen Âge, dans les jardins des couvents et monastères. Il en existe de très nombreuses espèces : *Mentha suaveolens* ou odorante ; *Mentha rotundifolia*, à feuilles rondes utilisée dans le taboulé ; *Mentha spicata* ou menthe verte, plus douce, utilisée pour le thé à la menthe ; *Mentha piperita* ou menthe poivrée, particulièrement odorante.

PROPRIÉTÉS

La menthe est une plante médicinale et pharmaceutique. Elle a principalement des vertus antiseptiques, toniques, stimulantes et digestives. Et comme beaucoup de fines herbes fraîches, elle a des propriétés antioxydantes non négligeables. Elle contient des minéraux (en particulier du fer et du manganèse) et des vitamines (K, E et A). La menthe poivrée est particulièrement riche en menthol, à l'origine de la sensation de fraîcheur.

PÉRIODE DE RÉCOLTE
De préférence au printemps, juste avant la floraison. Cependant les feuilles peuvent être cueillies pendant presque toute la durée de vie de la plante : de mars à novembre. Les fleurs : de juillet à octobre.

CONSERVATION
Les feuilles et les fleurs fraîches se conservent 1 semaine au réfrigérateur, dans un sac en plastique, enroulées dans du papier essuie-tout humide. Elles peuvent se congeler, entières ou hachées, avec un peu d'eau dans un bac à glaçons. Les feuilles hachées peuvent être mises à macérer dans de l'huile neutre ou du vinaigre pendant 2 semaines minimum avant de filtrer. En cas de surplus, la menthe peut aussi être séchée, bien qu'elle perde ainsi un peu de sa saveur, en suspendant la plante, la tête en bas, dans un endroit aéré, chaud et sec. Détacher ensuite les feuilles et les conserver hermétiquement à l'abri de la lumière. Dans ce cas, il est conseillé de ne les réduire en poudre qu'au moment de les utiliser, afin de préserver leur arôme le plus longtemps possible.

PARTIES COMESTIBLES
Les feuilles et les fleurs.

UTILISATION
La menthe est employée très couramment comme herbe aromatique, en particulier dans les cuisines méditerranéennes et asiatiques. Les feuilles crues et hachées parfument salades, préparations au yaourt ou au fromage frais (comme le raïta indien), soupes froides, rouleaux de printemps ou taboulés ; cuites, elles sont utilisées dans les soupes (comme le chorba algérien), sauces, boulettes de viande et de nombreuses préparations aux légumes. La menthe se marie particulièrement bien avec pommes de terre, courgettes, petits pois et concombres. Elle aromatise les desserts comme les salades de fruits, pâtisseries au miel, glaces, sorbets et chocolats, et on peut élaborer de la gelée de menthe. Elle est très utilisée en infusion, sirop et autres boissons froides du fait du pouvoir rafraîchissant du menthol qu'elle contient. Les fleurs peuvent être mélangées aux feuilles pour les infusions et salades, elles sont décoratives et comestibles. On extrait de la menthe une huile essentielle qui entre dans la composition de nombreuses confiseries et liqueurs.

RECETTES ALTERNATIVES
La menthe peut remplacer l'ingrédient principal des recettes suivantes :
◊ **Bricks à la ciboulette**, page 79.
◊ **Velouté de courgettes & sa boule de glace au piment**, page 100.

NEMS À LA MENTHE & AU FROMAGE DE CHÈVRE

Pour 4-6 personnes

- 10 feuilles de riz
- 5 ou 6 belles branches de menthe fraîche
- 2 c. à soupe de pignons
- 2 fromages de chèvre frais
- Sel et poivre noir
- Huile pour la friture

Dans un saladier, écraser le fromage de chèvre à la fourchette. Incorporer les feuilles de menthe ciselées, le sel, le poivre et les pignons. Vérifier l'assaisonnement. Bien mélanger.
Tremper les feuilles de riz dans l'eau chaude. Déposer un peu de farce sur la feuille et former un rouleau.
Faire frire les nems dans l'huile chaude et servir avec une salade verte.

VARIANTES

- Remplacer les feuilles de riz par des feuilles de brick et les faire cuire 5 minutes de chaque côté, sur une plaque légèrement huilée, dans le four préchauffé à 180 °C.
- Remplacer la menthe par du basilic ou par un bouquet de ciboulette.

SORBET À LA MENTHE FRAÎCHE

Pour 4-6 personnes

- 25 cl d'eau
- 150 à 180 g de sucre
- 60 g de feuilles de menthe fraîche
- Le jus de 3 citrons (17 cl environ)

Trier les feuilles de menthe, les laver et les ciseler finement.
Dans une casserole, mélanger l'eau et le sucre. Chauffer jusqu'à complète dissolution du sucre. Porter à ébullition et faire chauffer pendant 4 minutes. Hors du feu, ajouter la menthe ciselée. Mixer, laisser tiédir puis réserver au réfrigérateur pendant 2 heures.

Extraire le jus des citrons, et le mélanger avec l'eau et la menthe. Mettre au congélateur. Après 3 heures, mélanger le sorbet à la fourchette pour empêcher la cristallisation de l'eau. Répéter cette opération trois à quatre fois ou utiliser une sorbetière électrique. Sortir du congélateur 15 minutes avant de servir. Décorer avec une feuille de menthe fraîche.

VARIANTE

Remplacer la menthe par 6 ombelles de fleurs de sureau (sans les parties vertes) et doubler la quantité d'eau. Laisser macérer les fleurs une journée complète au lieu de 2 heures.

Navet

UN PEU DE BOTANIQUE

Brassica rapa, de la famille des Brassicacées comme le chou, le radis, la roquette ou le rutabaga. Le navet, de forme bulbeuse, à chair blanche, pousse dans les terres les plus ingrates. Il a longtemps servi, en Europe, de base alimentaire aux humains et aux animaux domestiques, jusqu'à ce qu'il soit supplanté par la pomme de terre. Rabelais disait que si le navet et la châtaigne venaient à manquer, le pays serait ruiné.

PROPRIÉTÉS

Le navet est source de vitamine C et de vitamines du groupe B. Il apporte des minéraux (potassium, calcium, phosphore mais aussi du sodium) en quantité plus importante que la plupart des légumes frais. Il contient également des oligoéléments : fer, zinc, cuivre, manganèse et, comme toutes les crucifères (ancien nom des Brassicacées), il renferme des composés soufrés, substances protectrices pour notre organisme. C'est un légume idéal pour le transit intestinal car il est gorgé d'eau et très riche en fibres. Les fanes, ou feuilles, du navet sont une excellente source de vitamine A, B9, C et E.

PÉRIODE DE RÉCOLTE

Primeurs d'avril à juin ; puis récolte d'automne, de septembre à novembre.

CONSERVATION
Le navet doit être utilisé rapidement car les fanes flétrissent très vite et les racines se déshydratent et deviennent filandreuses. Se conserve entre 2 jours et 1 semaine au réfrigérateur. Les racines et les feuilles se prêtent bien à la lactofermentation. Les feuilles, après blanchiment, peuvent être congelées mais les racines deviennent poreuses avec la congélation.

PARTIES COMESTIBLES
La racine, les feuilles, les branches et les graines germées.

UTILISATION
Les racines crues en salade, épluchées et râpées ou coupées en cubes ; cuites, frites, à la vapeur, rôties, sautées, poêlées, en purée, tarte, jardinière, braisées au sucre, confites ou pour parfumer potages et pot-au-feu. Si le navet est petit et jeune, il peut être dégusté tel quel ou à la croque-au-sel. Les feuilles se cuisinent comme des épinards. La partie inférieure des tiges, plus fibreuse, peut être utilisée en soupe et bouillon.

RECETTES ALTERNATIVES
Le navet peut remplacer l'ingrédient principal des recettes suivantes :
◊ **Potage aux fanes de raves**, page 32.
◊ **Tourte toscane aux blettes**, page 39.
◊ **Épinards au beurre de cacahuètes**, page 115.
◊ **Blettes coco et curry**, page 40.

BRICKS AUX NAVETS

Pour 6 personnes
- 600 g de navets
- 3 c. à soupe d'huile d'olive (ou 2 grosses noix de graisse de canard)
- 6 c. à café de miel (facultatif)
- 2 c. à soupe de vinaigre de cidre ou balsamique
- 6 feuilles de brick
- Quelques brins de thym
- Sel et poivre

Laver et couper les navets en tranches très fines. Les plonger dans l'eau bouillante pendant 15 minutes. Égoutter.
Faire revenir les navets dans l'huile ou dans la graisse de canard à feu moyen pendant 10 minutes jusqu'à ce qu'ils dorent. Assaisonner

avec les feuilles de thym. Déglacer au vinaigre. Écraser très légèrement, saler et poivrer.
Répartir les navets dans 6 feuilles de brick et les arroser avec le miel (1 cuillère à café par feuille de brick). Refermer les feuilles de brick en formant des rectangles et les disposer sur une plaque légèrement huilée. Faire dorer, 5 à 7 minutes de chaque côté, dans le four préchauffé à 170°C.
Servir en entrée avec une salade verte ou avec un magret de canard.

ROULÉ DE FEUILLES DE NAVET AU JAMBON

Pour 6 personnes

- 500 g de fanes de navet
- 4 œufs
- 200 g de fromage à tartiner (type St-Môret)
- 5 ou 6 tranches de jambon cuit
- Sel et poivre

Trier et laver les feuilles des navets, sans conserver le bas de la tige sans feuilles, parfois filandreux. Plonger dans l'eau bouillante pendant 10 minutes. Égoutter et hacher.
Dans un saladier, battre les œufs. Ajouter les fanes de navet, le sel et le poivre. Mélanger. Étaler cette omelette sur une plaque recouverte de papier sulfurisé. Faire cuire 15 minutes dans le four préalablement chauffé à 210°C.
Démouler et étaler le fromage sur l'omelette cuite. Disposer les tranches de jambon sur le fromage. Rouler et serrer dans un film étirable. Mettre au réfrigérateur pendant 2 heures minimum.
Couper en tranches au moment de servir.

VARIANTE

Remplacer les fanes de navet par le vert des blettes.

GALETTES DE VERDURE

Pour 8-10 galettes

- 250 g de fanes de navet
- 120 g de flocons d'avoine (ou d'une autre céréale)
- Sel et poivre
- 30 g de levure de bière ou de levure maltée
- 2 à 3 c. à soupe d'huile d'olive

Laver et faire cuire les fanes dans 50 cl d'eau bouillante salée. Sortir les fanes de l'eau, sans les essorer, et les couper en petits morceaux. Réserver l'eau de cuisson pour une autre préparation. Ajouter les flocons de céréales, la levure de bière, le sel, le poivre et 1 cuillère à soupe d'huile.
Façonner des galettes et les faire dorer à la poêle avec un peu d'huile. Servir avec une sauce tomate (voir recette page 230) ou un chutney, et une salade verte.

VARIANTE

Remplacer les fanes de navet par un mélange de fanes de radis et de fanes de céleri-rave.

PURÉE DE NAVETS

Pour 4-6 personnes

- 1 kg de navets
- 125 g de carottes
- 100 g de pommes de terre
- 2 c. à soupe d'huile d'olive
- 6 feuilles de persil
- Sel et poivre

Éplucher tous les légumes et les couper en gros cubes. Dans une cocotte, les faire revenir quelques instants dans l'huile chaude. Couvrir d'eau. Saler. Porter à ébullition puis baisser le feu et faire cuire à feu doux, au minimum 45 minutes. Quand les légumes sont bien tendres, les sortir de l'eau. Réserver l'eau de cuisson pour ajuster la consistance de la purée ou pour une autre utilisation. Poivrer et mixer. Vérifier l'assaisonnement et la consistance.
Servir la purée décorée de quelques feuilles de persil.

NAVETS GLACÉS

Pour 4 personnes

- 1 kg de navets primeurs
- 60 g de beurre ou de beurre clarifié (voir recette page 223)
- 3 c. à soupe de sucre
- 1 c. à soupe de vinaigre de vin
- Sel

Laver et couper les navets en cubes (sans les peler).
Faire fondre le beurre dans une poêle. Ajouter les navets et les faire sauter à feu doux avec le sucre.
Recouvrir les navets avec un peu d'eau. Couvrir et laisser cuire environ 30 minutes : les navets doivent être cuits mais rester fermes. À la fin de la cuisson, ajouter le vinaigre et saler légèrement.
Servir en accompagnement ou au centre d'un plat de spaghettis.

VARIANTE

Remplacer les navets par des radis noirs et doubler la quantité de sucre.

NAVETS BRAISÉS À L'ANETH & AUX CÂPRES

Pour 4 personnes

- 800 g des navets petits ou moyens
- 3 c. à soupe d'huile d'olive
- 15 g de beurre (facultatif)
- 1 c. à soupe rase de sucre
- Sel et poivre
- 1 c. à soupe de graines d'aneth
- 2 c. à soupe de câpres

Laver et couper les navets en gros dés. Réserver les feuilles pour une autre préparation.
Dans une cocotte à fond épais, faire revenir les navets dans l'huile chaude avec le beurre jusqu'à ce que tous les morceaux soient bien dorés. Ajouter alors le sucre pour glacer et adoucir les navets et laisser cuire, tout en remuant, pendant 4 minutes. Puis baisser le feu au maximum et laisser mijoter à couvert, avec un fond d'eau, pendant environ 40 minutes.

Assaisonner ensuite avec le sel, le poivre, les graines d'aneth et les câpres. Bien mélanger. Continuer la cuisson encore 5 bonnes minutes. Vérifier la cuisson des navets avec une lame de couteau : ils doivent être tendres.

PÂTÉ EN CROÛTE AUX NAVETS NOUVEAUX

Pour 6 personnes

- 2 pâtes brisées (voir recette page 227)
- 800 g de navets nouveaux
- 100 g d'oignons
- 1 gousse d'ail
- 1 c. à soupe d'huile d'olive
- 6 c. à soupe de levure de bière
- Persil
- Sel
- 1 c. à café de mélange quatre-épices (poivre, noix de muscade, cannelle et clou de girofle)
- 2 c. à soupe de crème liquide ou d'huile d'olive
- Un peu de lait salé pour dorer

Préparer 2 pâtes brisées en suivant la recette page 227. Étaler la première et garnir, avec elle, le fond de la tourtière. Parsemer sur la surface 1 cuillère à café de mélange quatre-épices.
Peler et émincer les oignons et les faire revenir dans 1 cuillère à soupe d'huile jusqu'à ce qu'ils deviennent translucides.
Laver les navets et les râper assez gros. Les mélanger avec les oignons, l'ail écrasé, le persil, un peu de sel et la levure de bière. Bien mélanger le tout et verser sur la pâte. Recouvrir avec la deuxième pâte après l'avoir étendue. Avec un pinceau, étaler une fine couche de lait salé sur toute la surface de la pâte. Faire une cheminée au centre.
Faire cuire dans le four à 150°C pendant 45 à 60 minutes. Augmenter la température du four 5 minutes avant la fin si la pâte n'est pas assez dorée.
Ajouter la crème ou l'huile par la cheminée dès la sortie du four.

QUICHE AUX FANES DE NAVET

Pour 6 personnes

- 1 pâte brisée (voir recette page 227)
- Les fanes d'1 kg de navets
- 200 g d'allumettes de lardons fumés ou de poisson fumé
- 4 œufs
- 15 cl de crème fraîche ou crème d'avoine
- 100 g de gruyère râpé
- 1 pincée de sel

Séparer les fanes des navets (réserver les racines pour une autre préparation). Laver les fanes et les faire cuire à la vapeur pendant 10 minutes. Égoutter et couper en petits morceaux, en particulier les tiges plus fibreuses.
Pendant ce temps, préparer une pâte brisée en suivant la recette de la page 227.
Faire revenir les lardons dans une poêle.
Dans un saladier, mélanger les œufs, la crème et une pincée de sel, car les lardons vont saler suffisamment la préparation. Ajouter 50 g de fromage râpé, les lardons ou le poisson fumé émietté et les fanes, puis mélanger intimement.
Étaler uniformément la préparation sur la pâte brisée et parsemer avec le reste du fromage râpé avant d'enfourner.
Faire cuire la tarte 20 à 25 minutes dans le four préchauffé à 180 °C.

VARIANTES

- Remplacer les fanes de navet par 250 g de feuilles et tiges d'ail des ours ciselées et directement incorporées dans la quiche, sans cuisson préalable à la vapeur.
- Remplacer les fanes de navet par 8-10 tiges et bulbes d'ail frais coupés et revenus quelques minutes dans un peu d'huile d'olive.

Oignon

UN PEU DE BOTANIQUE
Allium cepa, de la famille des Liliacées comme l'ail, la ciboulette, l'échalote ou l'asperge. Originaire d'Asie centrale, c'est certainement un des légumes les plus anciennement cultivés : les Égyptiens, les Hébreux, puis les Grecs et les Romains en faisaient une grande consommation. Elle est aussi l'une des premières plantes d'Eurasie à être cultivée en Amérique. Il en existe beaucoup de variétés généralement classées selon la couleur du bulbe : blancs, jaunes, rouges ou roses.

PROPRIÉTÉS
L'oignon est riche en vitamines A, B et C. Il contient également des sels minéraux et des oligoéléments. Il est particulièrement riche en antioxydants, surtout les variétés rouges et lorsqu'on le consomme cru. Il a des propriétés diurétiques, stimulantes et hypoglycémiantes. Le soufre présent dans l'oignon est responsable de son odeur mais aussi d'un certain nombre de ses vertus : il permet de fluidifier le sang et il est bactériostatique.

PÉRIODE DE RÉCOLTE
D'avril à juin pour l'oignon frais ; de juillet à septembre pour l'oignon de conservation.

CONSERVATION
Après un séchage d'1 semaine, l'oignon peut se conserver tout l'hiver dans un endroit sec à l'abri de la lumière. Au réfrigérateur, les bottes fraîches se conservent seulement 1 semaine.

PARTIES COMESTIBLES
Le bulbe, les tiges lorsqu'elles sont fraîches et jeunes, et les graines germées.

UTILISATION

L'oignon est à la fois un légume et un condiment indispensable dans de nombreuses recettes. Il peut se consommer cru : émincé en salade, vinaigrette et sauce ; ou cuit, comme condiment : en ragoût, plat en sauce, rôti. En tant que légume à part entière il est utilisé en tarte, soufflé, quiche, soupe, purée, farci, confit au vinaigre et même en confiture pour accompagner terrines et viandes. L'oignon doux des Cévennes est particulièrement apprécié cru. Il se croque avec une tartine de beurre. La molécule responsable des propriétés lacrymales de l'oignon, libérée lorsque l'on épluche ou que l'on coupe le bulbe, est soluble dans l'eau. Il est donc conseillé de peler et rincer l'oignon sous l'eau ou de passer régulièrement le couteau utilisé sous l'eau.

RECETTES ALTERNATIVES

L'oignon peut remplacer l'ingrédient principal des recettes suivantes :

◊ **Fleurs de courgette en beignets**, page 99.

◊ **Soupe froide aux fanes & au lait de coco**, page 196.

◊ **Velouté d'échalotes**, page 108.

FONDUE D'OIGNONS ROUGES À LA FIGUE

Pour 4 personnes

- 450 g de figues, fraîches ou surgelées
- 450 g d'oignons rouges
- 1 c. à soupe rase de miel
- Sel

Éplucher et émincer les oignons rouges, les faire revenir, à feu doux, avec une pincée de sel jusqu'à ce qu'ils commencent à dorer. Couper les figues en dés et les ajouter aux oignons.

Couvrir pour qu'elles rendent leur jus. Découvrir, ajouter le miel en remuant jusqu'à ce que ce jus s'évapore. Alterner cuisson couverte et découverte pendant une vingtaine de minutes, de manière à ce que la préparation se mette à attacher légèrement, signe qu'elle caramélise. Bien gratter le fond de la poêle régulièrement durant les phases de cuisson à découvert. Cela doit sentir bon.

Servir chaud avec une viande, par exemple du magret ou du foie gras, ou tiède à froid avec du pain en accompagnement d'une salade verte ou en apéritif.
Peut se conserver en pot après avoir été stérilisé quelques minutes.

PETITS CHAUSSONS AUX OIGNONS

Pour 4 personnes

- 250 g de pâte feuilletée (voir recette page 227)
- 1 kg d'oignons
- 4 c. à soupe d'huile d'olive
- Sel et poivre
- 1 peu de lait pour dorer

Éplucher et émincer les oignons. Faire blondir les oignons dans une poêle avec l'huile. Lorsqu'ils sont translucides, couvrir la poêle et baisser le feu pour les laisser cuire 10 minutes environ. Ajouter un peu d'eau si besoin pour qu'ils n'attachent pas. Saler. Poivrer fortement.
Abaisser la pâte feuilletée. La couper en 4 morceaux pour réaliser 4 petits chaussons, de forme ronde, ovale ou carrée, au choix. Placer sur la moitié de la pâte, et jusqu'à 1 cm des bords, le quart des oignons cuits. Il est possible de réaliser un seul grand chausson : répartir alors la totalité des oignons sur la moitié de la pâte, jusqu'à 1 cm des bords. Fermer le chausson en ayant humecté les bords au préalable. Presser doucement avec une fourchette pour bien le souder. Badigeonner la surface avec un peu de lait. Faire cuire dans le four préalablement chauffé à 180°C et laisser dorer les chaussons 20 minutes environ, en surveillant.

VARIANTES

- Remplacer les oignons par des feuilles de blette. Laver et séparer le vert des côtes de bettes (une botte d'1 kg environ). Garder les côtes pour un autre usage. Faire cuire les feuilles dans une casserole avec très peu d'eau, à feu doux. Lorsqu'elles sont bien cuites, environ 6 à 8 minutes, bien égoutter et hacher grossièrement. Saler. Poivrer fortement. Procéder ensuite comme pour les oignons.
- Remplacer les oignons par un mélange moitié feuilles de blette, moitié oignons ou échalotes.
- Remplacer les oignons par des poireaux.

TARTE À L'OIGNON CONFIT

Pour 6 personnes

- 800 g d'oignons
- 80 g d'huile d'olive
- 50 g de vinaigre balsamique
- 30 g de sucre roux
- Sel et poivre
- 1 pâte brisée (voir recette page 227)
- Graines de poireau germées (facultatif)

Peler et émincer les oignons. Dans une poêle, chauffer l'huile et faire revenir les oignons entre 5 et 10 minutes. Diminuer le feu avant d'ajouter le vinaigre et le sucre. Mélanger et laisser cuire, à feu très doux et à couvert, pendant environ 15 minutes en remuant régulièrement. Au bout de ce temps, ôter le couvercle et faire sécher les oignons, si besoin. Saler et poivrer.
Préparer une pâte brisée en suivant la recette page 227.
Couvrir le fond d'un plat à tarte avec du papier sulfurisé. Verser les oignons et recouvrir avec la pâte brisée étalée. Faire cuire pendant environ 30 minutes dans le four préalablement chauffé à 180 °C.
Une fois la pâte cuite, la sortir du four. Poser un plat de service sur la tarte et retourner d'un geste rapide. Enlever délicatement le papier sulfurisé et décorer avec une poignée de graines germées avant de servir.

VARIANTE

Remplacer l'oignon par des échalotes.

Ortie

UN PEU DE BOTANIQUE

Urtica, de la famille des Urticacées, elle doit son nom à son caractère urticant pouvant être neutralisé par le séchage, par le hachage très fin ou par la cuisson. Souvent considérée aujourd'hui comme une « mauvaise herbe » dans les potagers, elle a pourtant été consommée en Europe occidentale depuis le Néolithique et son utilisation concerne encore de nombreux domaines : médical, culinaire, horticole en tant qu'engrais, alimentaire pour le bétail, artisanal (ses fibres permettant la fabrication de tissus, papier et cordages).

PROPRIÉTÉS

Les feuilles et les racines de l'ortie en font l'une des plantes médicinales les plus efficaces. L'ortie a des vertus toniques, dépuratives, diurétiques, anti-inflammatoires, antirhumatismales, antianémiques, stimulantes, reminéralisantes et hémostatiques. C'est la plante terrestre la plus riche en chlorophylle et, par conséquent, l'une des plus riches en éléments nutritifs : en particulier protéines (40 % du poids sec, pourcentage supérieur à celui du soja), vitamines (en particulier A, E et C - six à sept fois plus que l'orange), sels minéraux (calcium, magnésium, phosphore, potassium et fer) et oligoéléments. Dans notre organisme, elle sert à l'assimilation du calcium grâce au bore qu'elle contient.

PÉRIODE DE RÉCOLTE

De mars à novembre, avant la floraison qui rend les feuilles plus amères.

CONSERVATION

Les feuilles fraîches se conservent 1 semaine au réfrigérateur ou plus longtemps hachées et recouvertes d'huile. Elles peuvent être séchées au déshydrateur ou dans un local chaud, bien ventilé et dans l'obscurité, afin de préserver toutes les vitamines. Une fois sèches, elles se conservent 1 an dans un récipient hermétique. Hachées, avec un peu d'huile pour les lier, elles se congèlent dans des bacs à glaçons.

PARTIES COMESTIBLES

De préférence les jeunes pousses (les 4 premières feuilles sont tendres et moins amères), les feuilles (en ôtant les tiges ligneuses), les fleurs et les graines (sèches, grillées ou germées). Comme toutes les plantes sauvages, il est conseillé de laver l'ortie dans 2 eaux de rinçage et une troisième vinaigrée.

UTILISATION

Se prépare comme les épinards. Crue, après l'avoir hachée finement, en salade ; ou cuite, dans des soupes, tartes, cakes, feuilletés, omelettes, soufflés, sauces, à la poêle. Elle peut même être utilisée en confiture ou gelée, en tisane et pour réaliser des gâteaux. Les fleurs peuvent se consommer crues ou cuites.

RECETTES ALTERNATIVES

L'ortie peut remplacer l'ingrédient principal des recettes suivantes :

◊ **Samossas aux fanes de radis**, page 195.
◊ **Pesto de basilic aux amandes**, page 28.
◊ **Gougères à l'ail des ours**, page 19.

SOUPE AUX ORTIES

Pour 4 personnes

- 500 g pommes de terre à chair tendre
- 10 têtes d'orties ou 20 feuilles séparées de la tige
- 75 cl d'eau
- Sel
- Un peu de crème (facultatif)

Faire bouillir des pommes de terre dans de l'eau salée pendant 30 à 45 minutes (en fonction de leur grosseur). À la fin de la cuisson, ajouter les orties (elles ne demandent que 5 minutes d'ébullition pour être cuites).
Mixer, vérifier l'assaisonnement et la consistance de la soupe : ajouter de l'eau si nécessaire. Servir avec un peu de crème (facultatif).

VARIANTES

- Remplacer les orties par 150 à 200 g de pourpier.
- Remplacer les orties par 1 gousse d'ail et 200 g de pissenlit, ajouté 10 minutes avant la fin de la cuisson.
- Remplacer les orties par 1 oignon et 1 laitue, ajoutée 15 minutes avant la fin de la cuisson.

TARTE AUX ORTIES & AU THON

Pour 6 personnes

- 1 pâte brisée (voir recette page 227)
- 300 à 350 g de pointes d'ortie
- 300 g de thon au naturel égoutté
- 150 g d'oignons
- 1 œuf
- 20 cl de crème d'avoine ou de crème fraîche
- 3 c. à soupe d'huile d'olive
- Sel et poivre
- 1 c. à café de curry

Préparer une pâte brisée en suivant la recette de la page 227.
Éplucher et émincer les oignons. Laver et émincer les pointes d'orties.
Dans une poêle, chauffer l'huile et faire revenir les oignons jusqu'à ce qu'ils soient translucides. Ajouter les orties et laisser cuire, à l'étouffée, environ 15 minutes.

Dans un saladier, émietter le thon, ajouter les légumes cuits, la crème, l'œuf. Mélanger et assaisonner avec le sel, le poivre et le curry. Abaisser la pâte dans un moule à tarte. Verser la préparation sur la pâte et faire cuire dans le four préchauffé à 180°C pendant 30 à 40 minutes.
Cette tarte se déguste froide, avec une salade ou des crudités.

VARIANTES

- Remplacer les orties par 300 g d'épinards.
- Remplacer les orties par une gousse d'ail et 175 g de pourpier.

CAKE AUX ORTIES

Pour 6 personnes

- 100 g d'orties
- 50 g d'olives vertes ou noires
- 100 g de poivrons rouges
- 3 gros œufs
- 100 g de farine
- 10 cl de lait
- 4 c. à soupe d'huile d'olive
- 165 g de gruyère râpé
- 1 sachet de levure chimique
- 6 g de beurre pour le moule
- Sel et poivre

Laver les orties et les hacher. Laver les poivrons, ôter les graines et les couper en morceaux.
Dans un saladier, mélanger les œufs, la levure et la farine. Ajouter petit à petit le lait et l'huile jusqu'à obtention d'une pâte homogène. Incorporer le gruyère râpé, les poivrons, les orties et les olives dénoyautées coupées en deux. Vérifier l'assaisonnement : poivrer et saler, si besoin.
Beurrer et fariner un moule à cake. Verser la pâte. Faire cuire dans le four préchauffé à 180°C pendant 40 minutes environ. Surveiller la cuisson, le cake est prêt dès que la lame d'un couteau ressort sèche.

Panais

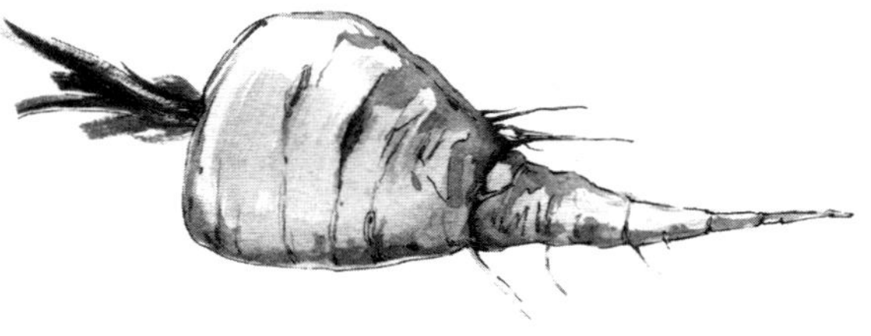

UN PEU DE BOTANIQUE

Pastinaca sativa, de la famille des Apiacées comme la carotte, le céleri, le fenouil ou le persil. Le panais est cultivé, comme légume et comme plante fourragère, pour sa racine charnue ressemblant à la carotte, de couleur blanchâtre ou jaune pâle et au goût légèrement sucré. Pendant des siècles, et cela depuis la plus haute Antiquité, cette racine a constitué un ingrédient essentiel de l'alimentation des populations des campagnes. Délaissée depuis l'introduction de la pomme de terre, son utilisation reste de nos jours marginale en Europe, sauf en Grande-Bretagne.

PROPRIÉTÉS

La racine du panais contient un taux élevé de glucides et de fibres aidant la digestion. Elle est plus riche en vitamines (en particulier C et B9) et en sels minéraux (calcium, chlore, magnésium, phosphore, soufre et tout particulièrement potassium) que la carotte. C'est un légume dépuratif, diurétique et stimulant pour le système immunitaire.

PÉRIODE DE RÉCOLTE

De septembre à novembre.

CONSERVATION

Le panais peut passer l'hiver en terre, ce qui accroît son goût sucré, surtout lorsqu'il gèle. Il se conserve 4 semaines environ au réfrigérateur, en surveillant qu'il ne ramollisse pas, ou quelques mois dans du sable, dans une cave. Il peut aussi être congelé après avoir été blanchi quelques minutes.

PARTIES COMESTIBLES
La racine, les tiges et les feuilles.

UTILISATION
Le panais n'a pas besoin d'être pelé et s'oxyde rapidement, il est donc conseillé de le faire cuire immédiatement ou de le mettre à tremper dans une eau citronnée. Sa racine peut se consommer crue, râpée, en salade ; cuite, de la même façon que la carotte ou la pomme de terre : en purée, gratin, poêlée, pot-au-feu, frites, potage, couscous, tajine, galette, soupe, glacée, frite, rôtie au four. Elle peut également être utilisée en pâtisserie et en confiture. Les feuilles les plus tendres peuvent agrémenter les plats de légumes, les sauces, pâtes, omelettes, gratins. Les plus fibreuses sont à réserver pour les bouillons.

RECETTES ALTERNATIVES
Le panais peut remplacer l'ingrédient principal des recettes suivantes :
◊ **Hachis Parmentier de céleri-rave**, page 60.
◊ **Brocolis en verrine**, page 63.

SOUPE DE PANAIS AU CURRY

Pour 6 personnes
- 125 g d'oignons
- 1 gousse d'ail
- 300 g de panais
- 180 g de pommes de terre
- 50 g de beurre ou de beurre clarifié (voir recette page 223)
- 1 c. à café de curry
- 25 g de farine (facultatif, afin d'épaissir la soupe)
- 1 l de bouillon de légumes (voir recette page 224)
- 10 g de coriandre fraîche ou de persil
- Sel et poivre

Peler et couper en dés le panais et la pomme de terre. Éplucher et émincer l'oignon et l'ail. Dans une poêle, à feu doux, faire cuire l'oignon, l'ail, le panais et la pomme de terre à couvert dans le beurre pendant 10 minutes. Ajouter la farine et le curry, et laisser mijoter 2 minutes. Ajouter le bouillon et laisser cuire jusqu'à ce que les légumes soient bien tendres. Réduire le tout en purée, assaisonner. Ajouter de l'eau, si besoin. Servir bien chaud, parsemé de coriandre ciselée.

CRIQUES DE PANAIS

Pour 4 personnes

- 200 g de pommes de terre
- 500 g de panais
- 125 g d'oignons
- 2 œufs
- 2 c. à soupe d'huile d'olive
- Sel et poivre

Éplucher les panais, les oignons et la pomme de terre.
Les râper avec une grille moyenne.
Dans un saladier, casser les œufs, les battre en omelette, saler et poivrer. Ajouter les légumes râpés et bien mélanger.
Faire chauffer l'huile dans une poêle. Verser la préparation et l'aplatir avec une spatule pour former une galette régulière. Faire cuire sur feu moyen, sans remuer, pendant environ 15 minutes.
À l'aide d'une grande assiette posée sur la poêle, retourner la galette. La faire à nouveau glisser délicatement dans la poêle et la laisser cuire de l'autre côté pendant 15 minutes. Servir avec une salade verte.
Il est aussi possible de diviser la pâte et de réaliser des criques individuelles.

VARIANTES

- Remplacer le panais par des pommes de terre.
- Remplacer le panais par du chou-rave.
- Remplacer le panais par un mélange de betteraves rouges et de carottes.

PANAIS & CAROTTES GRATINÉS

Pour 4-6 personnes

- 500 g de carottes
- 500 g de panais
- 150 g de farine
- 180 g de parmesan
- 45 cl de lait
- 80 g de beurre + 6 g pour beurrer le moule
- 10 cl de crème entière
- 2 œufs
- Sel et poivre

Éplucher et râper les carottes et les panais. Ajouter aux légumes 50 g de farine et environ la moitié du parmesan. Bien mélanger. Faire fondre le beurre dans une casserole. Ajouter 100 g de farine et faire cuire 2 minutes. Ajouter le lait peu à peu. Porter à ébullition tout en remuant. Dans un petit bol, battre les œufs avec la crème, le sel et le poivre. L'incorporer petit à petit à la sauce. Remuer pendant 1 minute. Puis mélanger cette préparation avec les légumes. Beurrer un plat allant au four et y verser le mélange. Parsemer avec le restant du fromage. Faire cuire dans le four préchauffé à 180 °C pendant 1 heure environ.

HACHIS AU PANAIS

Pour 6 personnes

- 1 kg de panais
- 400 g de pommes de terre
- 150 g d'oignons
- 15 cl de crème fraîche
- 350 g de viande hachée
- 50 g de lardons fumés
- 150 g de fromage râpé
- 1 bouillon cube
- 1 c. à soupe d'huile d'olive
- 2 c. à soupe de persil
- Sel et poivre

Peler et couper le panais et les pommes de terre en morceaux. Déposer les légumes et le bouillon cube dans un autocuiseur, les couvrir d'eau et faire cuire 15 minutes à partir du sifflement (prévoir 45 minutes pour une cuisson en cocotte normale). Égoutter et réserver l'eau de cuisson pour une autre préparation.

Dans une poêle, faire revenir les oignons émincés avec l'huile. Quand ils sont translucides, ajouter les lardons, la viande, et laisser cuire de 5 à 10 minutes à feu moyen. À la fin de la cuisson, ajouter le persil ciselé. Saler et poivrer.
Passer les légumes cuits au presse-purée, ajouter la crème fraîche et bien mélanger. Vérifier l'assaisonnement.
Dans un plat allant au four, déposer une première couche de légumes avec la moitié de la purée. Ajouter la viande et couvrir d'un peu de fromage râpé. Finir par une couche de purée et le reste du fromage râpé.
Faire cuire au four préchauffé à 180°C pendant 10 minutes, puis faire gratiner sous le grill.

VARIANTE

Remplacer le panais par du céleri-rave.

Pâtisson

UN PEU DE BOTANIQUE

Cucurbita pepo, var. *ovifera*, de la famille des Cucurbitacées comme le concombre, la courgette, les courges ou le melon. Originaire d'Amérique, il est aussi appelé «artichaut d'Espagne», «artichaut d'Israël», «bonnet-de-prêtre», «bonnet d'électeur» ou «couronne impériale» du fait de son léger goût et de sa forme. Le pâtisson peut être blanc, vert clair, jaune, orangé, ou panaché.

PROPRIÉTÉS

Peu calorique, très tendre et digeste, il présente une haute densité en vitamines (A, C, B1 et B6), sels minéraux (en particulier du fer et magnésium), oligoéléments et fibres. Il est rafraîchissant et diurétique.

PÉRIODE DE RÉCOLTE

De juillet à septembre, à mi-maturité, pour les petites tailles ; octobre, pour un fruit mûr, comme les autres variétés de courges. Il aura alors un goût d'artichaut plus prononcé.

CONSERVATION

Le pâtisson, récolté à maturité, a la peau dure et se conserve plusieurs semaines, comme les courges. Le pâtisson récolté jeune, en été, ne se conserve qu'environ 1 semaine au frais. Blanchi quelques minutes, il peut se congeler entier. Les plus petits peuvent être conservés dans du vinaigre comme les cornichons.

PARTIES COMESTIBLES
Les fruits.

UTILISATION
Cru, coupé en fines lamelles ou râpé dans une salade ou en marinade ; cuit, se prépare de la même façon que la courgette : en soupe, purée, gratin, soufflé, cuit au four, poêlé, à l'étouffée, en beignets. Il est souvent utilisé farci en raison de sa forme festonnée. Il peut également entrer dans la composition de recettes sucrées. La peau des pâtissons devient rapidement fibreuse ; seuls les très jeunes fruits pourront être consommés sans être pelés.

RECETTES ALTERNATIVES
Le pâtisson peut remplacer l'ingrédient principal des recettes suivantes :
◊ **Chutney de betteraves rouges**, page 32.
◊ **Confiture de tomates vertes aux pruneaux**, page 218.
◊ **Terrine de courgette**, page 103.

GALETTES DE PÂTISSON À LA FETA

Pour 4 personnes
- 500 g de pâtisson
- 70 g d'échalotes
- 3 gousses d'ail
- 2 œufs
- 80 g de feta
- 60 g de flocons d'avoine
- 55 g de chapelure
- 25 g de farine
- 20 feuilles de basilic
- 1 pincée de piment
- Sel et poivre

En fonction de la maturité des pâtissons, il est possible de garder la peau et les graines. Sinon les peler et épépiner avant de les râper avec une grille moyenne. Saler et laisser dégorger pendant 1 heure. Presser afin de retirer le maximum d'eau.

Peler et émincer finement les échalotes et l'ail. Ciseler le basilic.
Dans un saladier, mélanger de façon homogène tous les ingrédients.
Poivrer généreusement. Saler si besoin.
À l'aide d'une grande cuillère, disposer une quinzaine de galettes sur une plaque de cuisson légèrement huilée. Les faire cuire pendant 10 à 15 minutes de chaque côté dans le four préalablement chauffé à 220°C.
Les servir, dès la sortie du four, accompagnées d'une salade verte ou en accompagnement d'un poisson.

VARIANTES

- Remplacer le pâtisson et le basilic par du céleri-rave et du persil.
- Remplacer le pâtisson et le basilic par des courgettes et de la menthe.

BAVAROIS AU PÂTISSON

Pour 4-6 personnes

- 1 kg de pâtisson
- 1 cube de bouillon de légumes ou de volaille
- 1 c. à café de curry doux
- 15 cl de crème fraîche
- 4 g d'agar-agar en poudre
- 5 c. à soupe de vin de Xérès (ou un autre vin cuit doux)
- 1 c. à café d'estragon haché

En fonction de la maturité des pâtissons, il est possible de garder la peau et les graines. Sinon les peler et épépiner avant de les trancher.
Faire cuire les tranches dans une casserole avec le curry, 4 cuillères à soupe d'eau et le cube de bouillon émietté. Couvrir et laisser cuire à feu très doux, en remuant souvent, jusqu'à ce que le pâtisson soit tendre.
Dans une tasse, mélanger le Xérès avec l'agar-agar (préférer l'agar-agar en poudre, dans les autres cas bien vérifier le mode d'emploi et les quantités conseillées avant de mélanger avec le vin). Verser le mélange et l'estragon haché dans la casserole avec le pâtisson, porter doucement à ébullition et laisser frémir 15 secondes.
Laisser tiédir et incorporer la crème fraîche. Verser le tout dans un moule à cake et laisser prendre au réfrigérateur pendant 12 heures.
Pour servir, tremper le moule dans l'eau chaude quelques secondes et le retourner sur un plat.

POÊLÉE DE PÂTISSON & SA PURÉE DE POIS CASSÉS

Pour 6 personnes

- 500g de pâtisson
- 450g de pois cassés
- 30g de beurre
- 4 échalotes
- 2 gousses d'ail
- 2 c. à soupe d'huile d'olive
- 1,5 l de bouillon de légumes ou de volaille (voir recettes pages 224 et 225)
- 2 c. à soupe de graines de sésame
- Persil (facultatif)
- Sel et poivre

Faire tremper les pois cassés au moins 1 heure dans l'eau froide.
Couper les pâtissons en tranches, enlever les graines s'il y a lieu, et ne les peler que si la peau est dure. Faire cuire les tranches de pâtisson 15 minutes dans une casserole d'eau bouillante salée. Égoutter.
Peler les échalotes et l'ail, et les émincer. Faire fondre à feu doux le beurre dans un faitout. Ajouter les échalotes et les faire suer sans colorer pendant 10 minutes. Ajouter alors l'ail et les pois cassés égouttés. Mouiller avec les deux tiers du bouillon de légumes et laisser cuire 30 à 35 minutes (jusqu'à ce que les pois cassés soient bien tendres et que le bouillon soit absorbé). Ajouter du bouillon en cours de cuisson, si nécessaire. À la fin de la cuisson, saler et réduire en purée épaisse, puis réserver au chaud.
Faire revenir dans l'huile les pâtissons égouttés jusqu'à obtention d'une belle couleur dorée. Ajouter alors les graines de sésame, le sel et le poivre. Présenter sur chaque assiette la purée de pois cassés en quenelles entourée de tranches de pâtisson. Parsemer de persil ciselé avant de servir.
S'il y a trop de purée de pois cassés, il est possible de la rallonger avec de l'eau ou du bouillon de légumes pour la consommer plus tard en soupe.

NIDS DE PÂTISSON

Pour 4 personnes

- 4 petits pâtissons (1 par personne ou 2 gros à partager)
- 450 g d'oignons
- 1 kg de tomates bien mûres
- 2 c. à soupe d'huile d'olive
- 15 à 20 feuilles de basilic
- 4 œufs
- 60 g de fromage
- Sel et poivre

Peler et couper en dés les oignons. Dans une poêle, faire revenir les oignons dans l'huile. Quand ils sont dorés, ajouter les tomates pelées et coupées en morceaux. Faire réduire la sauce tomate puis ajouter le basilic ciselé. Saler et poivrer.
Pendant ce temps, faire blanchir 5 minutes les pâtissons. Les couper en deux dans le sens du plat. Enlever délicatement les graines. Faire blanchir encore 10 à 15 minutes en fonction de la maturité du pâtisson : ils doivent être tendres. Sortir les pâtissons de l'eau et les laisser égoutter.
Dans un plat à gratin, mettre la sauce tomate au fond, y coucher les pâtissons et casser 1 œuf dans les parties évidées. Saler et poivrer. Napper de fromage râpé. Fermer le pâtisson avec sa calotte. Passer au four le temps de faire cuire les œufs. En fonction de la maturité du pâtisson, l'ensemble pourra être mangé ou seulement la chair du pâtisson. Servir avec du riz ou avec une autre céréale pour en faire un plat complet.

TRUITE AU PÂTISSON

Pour 4 personnes

- 400 g de pâtisson
- 125 g d'oignons
- 2 c. à soupe d'huile d'olive
- 20 cl de crème d'avoine
- 1 truite saumonée fraîche (environ 600 g)
- 2 c. à soupe de persil
- Sel

Laver et détailler le pâtisson en petits dés sans l'éplucher. En fonction de la maturité du pâtisson, il peut être nécessaire de le peler et l'épépiner.
Faire dorer quelques minutes les oignons dans une sauteuse avec l'huile. Puis ajouter le pâtisson et laisser cuire à couvert jusqu'à ce que ce dernier soit tendre et légèrement translucide, environ 15 à 20 minutes. Saler.
Pendant ce temps, après avoir coupé les nageoires et la queue avec des ciseaux de cuisine, lever les filets de la truite saumonée, à l'aide si possible d'un couteau « filet de sole », souple et bien aiguisé. Si l'on est suffisamment à l'aise avec la découpe du poisson frais, on peut choisir d'ôter également la peau. Découper les filets en petits dés.
Ajouter les morceaux de truite sur le pâtisson, mouiller avec la crème d'avoine. Vérifier l'assaisonnement et saupoudrer de persil haché. Laisser cuire 5 minutes de plus. Servir aussitôt, accompagné de riz parfumé.

FLAN DE PÂTISSON À LA NOIX DE COCO

Pour 6-8 personnes

- 800 g de pâtisson
- 60 g de noix de coco râpée
- 100 g de farine
- 100 g de sucre roux
- 60 g de raisins secs
- 60 g de beurre + 6 g pour beurrer le moule
- 15 gouttes d'huile essentielle de zeste de citron (facultatif)
- 1 pincée de sel
- 1 pincée de cannelle
- 1 pincée de gingembre

En fonction de la maturité des pâtissons, il est possible de garder la peau et les graines. Sinon les peler et épépiner avant de les râper finement.

Faire fondre le beurre. Mélanger avec la farine, la noix de coco, le sucre, le sel et les épices. Ajouter les pâtissons râpés, les raisins secs et l'huile essentielle de citron. Bien mélanger le tout.

Beurrer un plat allant au four ou des ramequins individuels. Verser la préparation et faire cuire au four 20 minutes à 220 °C. Diminuer la température à 170 °C et poursuivre la cuisson encore 20 à 25 minutes jusqu'à obtention d'une belle coloration. Diminuer presque de moitié le temps de cuisson pour les ramequins individuels.

VARIANTE

Remplacer le pâtisson par de la courgette.

Persil

UN PEU DE BOTANIQUE

Petroselinum crispum, de la famille des Apiacées comme la carotte, le fenouil, le panais ou le céleri. Déjà consommé dans l'Antiquité, il traverse l'Atlantique avec les premiers bateaux européens et devient rapidement l'herbe aromatique la plus employée au monde en cuisine. Les Romains connaissaient déjà les deux formes de persil, celui à feuilles plates, plus parfumé, et celui à feuilles frisées, plus décoratif. D'autres variétés sont cultivées pour leurs côtes (persil à grosses côtes ou persil à feuilles de céleri), ou pour leurs racines (persil bulbeux ou persil tubéreux, cultivés surtout en Europe centrale).

PROPRIÉTÉS

Tout, dans cette plante, est médicinal. Le persil est un véritable concentré de micronutriments protecteurs : il est très riche en sels minéraux (fer, calcium, magnésium), en vitamines A et C (plus que le kiwi ou le citron), en antioxydants et en huile essentielle majoritairement constituée d'apiol, substance très présente dans les fruits.

PÉRIODE DE RÉCOLTE

De mi-mai à mi-novembre ou toute l'année, à condition de le protéger du froid qui rend le feuillage fibreux et moins parfumé. Il peut être facilement cultivé en pot pour une cueillette régulière en fonction des besoins.

CONSERVATION

Au réfrigérateur pendant quelques jours, les tiges plongées dans un verre contenant de l'eau (en changeant l'eau tous les 2 jours) ou, pour une conservation plus longue, ciselé et recouvert d'huile dans un bocal. Il peut aussi être séché au déshydrateur ou dans un endroit chaud à l'abri de la lumière, ou congelé entier ou ciselé avec un peu d'eau dans des bacs à glaçons. Mais le persil perd alors une partie de son arôme et de ses qualités nutritionnelles. Il peut être utilisé pour aromatiser huile ou vinaigre après une macération de 2 mois.

PARTIES COMESTIBLES

Les feuilles, les tiges (qui renferment bien plus d'arôme que les feuilles), les graines germées et les racines de certaines variétés.

UTILISATION

Comme aromate essentiellement et pratiquement avec tous les plats. Cru et haché, il agrémente les salades, marinades, viandes et poissons ; cuit, il parfume les soupes, omelettes, riz, pâtes, farces, potages sauces, tous les légumes, viandes et poissons. Il peut aussi être utilisé comme un légume à part entière dans une tarte, un taboulé ou en salade, et peut se préparer en gelée. Le persil entre dans la composition des fines herbes et du bouquet garni.

RECETTES ALTERNATIVES

Le persil peut remplacer l'ingrédient principal des recettes suivantes :

◊ **Pesto de basilic aux amandes**, page 28.
◊ **Fleurs de courgette en beignets**, page 99.

TABOULÉ À LA LIBANAISE

CRU

Pour 8 personnes

- 4 bottes de persil plat
- 3 oignons nouveaux (le bulbe et les tiges)
- 250 g de boulgour
- 20 cl d'huile d'olive
- Le jus de 4 citrons
- 550 g de tomates bien mûres
- 1 brin de basilic
- 1 brin de menthe
- Sel et poivre

Dans un saladier, faire gonfler le boulgour pendant au moins 15 minutes avec le jus des citrons. Saler et poivrer.
Pendant qu'il gonfle, laver et couper les tomates en petits dés.
Laver et hacher le blanc des oignons. Laver et ciseler le persil, le basilic, la menthe et le vert des oignons.
Égrener le boulgour avec une fourchette pour éviter les grumeaux.
Ajouter les ingrédients hachés, bien mélanger. Verser l'huile et mélanger de nouveau. Laisser reposer au moins 4 heures au frais.
Rectifier l'assaisonnement si besoin.

TARTE AU PERSIL

Pour la pâte brisée
(voir recette page 227)

- 150 g de farine
- 75 g de beurre
- 3 cl d'eau
- 1 pincée de sel

Pour l'appareil

- 1 gros bouquet de persil, plat de préférence (minimum 100 g)
- 3 œufs
- 20 cl de crème fraîche épaisse
- Sel et poivre

Préparer la pâte brisée en suivant la recette de la page 227.
Pendant qu'elle repose, ciseler le persil et en remplir un bol.
Dans un saladier, battre les œufs avec la crème fraîche. Saler et poivrer.
Étaler la pâte dans le moule à tarte (de 25 cm maximum). Piquer le fond avec une fourchette. Répartir le persil sur le fond de la pâte (sur une épaisseur d'environ 1 cm). Verser le mélange œufs-crème sur le persil.
Placer dans le four préchauffé à 180 °C pendant environ 20 à 25 minutes selon l'épaisseur. La tarte doit sortir dorée.

YAOURTS AU PERSIL

Pour 7 pots

- 1 beau bouquet de persil
- 20 cl d'eau
- 2 g d'agar-agar en poudre
- 80 cl de lait entier
- 1 yaourt nature entier
- 200 g de lait concentré non sucré

Dans une casserole, porter à ébullition l'eau et le persil. Mixer, couvrir et laisser refroidir. Filtrer l'infusion de persil. Ajouter l'agar-agar à l'infusion et mélanger à froid. Porter à ébullition, puis laisser frémir 10 secondes. Répartir le liquide dans les pots de yaourt, laisser tiédir puis réserver au réfrigérateur 3 heures.

Fouetter un yaourt et le mélanger intimement avec les laits. Verser cette préparation délicatement dans les pots de yaourt, sur la gelée de persil. Mettre la yaourtière en fonctionnement pendant une dizaine d'heures. Laisser tiédir, fermer les pots et les mettre au réfrigérateur, au minimum 3 à 4 heures, avant de les déguster.

Consommer en dessert avec du sucre en poudre ou avec du sel, du poivre et un peu de persil frais ciselé comme un fromage frais. Ce yaourt peut accompagner la recette de « Radis noir gratiné & sa sauce au yaourt », page 199.

Petit pois

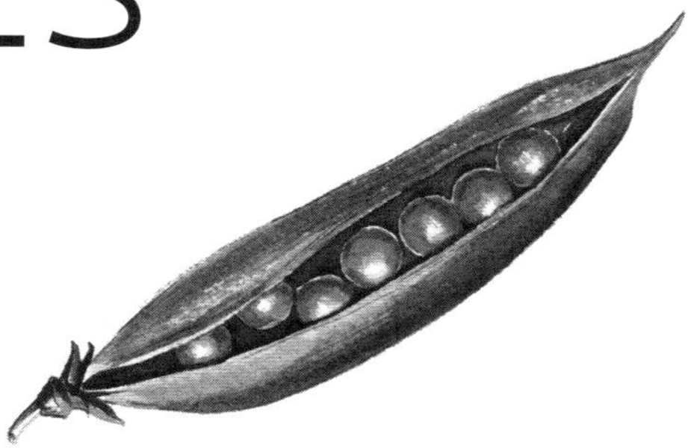

UN PEU DE BOTANIQUE

Pisum sativum, de la famille des Fabacées comme la fève, le haricot, la lentille ou le soja. Notre petit pois actuel, le pois à écosser, dérive du pois des champs, qui pousse spontanément du Caucase à la Perse et dont des traces d'utilisation par l'homme ont été retrouvées dans des sites néolithiques. Il est l'un des légumes les plus anciennement cultivés du continent eurasiatique. Jusqu'au Moyen Âge il était essentiellement consommé en tant que légume sec. En France, c'est Catherine de Médicis qui l'introduit comme légume frais. Les différentes variétés appartiennent à deux grandes catégories, selon l'épaisseur de leur gousse : les « petits pois à écosser », dotés d'une gousse dure, ligneuse et duveteuse, et les pois « mange-tout » ou « gourmands » qui ne nécessitent pas d'être écossés.

PROPRIÉTÉS

Le petit pois renferme davantage de glucides, de protéines et de fibres que la plupart des légumes frais. Il offre également une grande variété de vitamines (en particulier C et B) et de minéraux (presque tous les types). Il permet de lutter contre la constipation et apporte des sucres solubles lui conférant des vertus rassasiantes. Il est énergétique, laxatif et reminéralisant.

PÉRIODE DE RÉCOLTE

De février à mars et de juin à août, selon les variétés.

CONSERVATION

Le petit pois est un légume très fragile. Pour garder toutes ses qualités gustatives, il faut le consommer rapidement. Le pois frais, récolté avant maturité, se conserve seulement 2 à 3 jours au frais, non écossé (écossé il est beaucoup plus fragile). Il peut être congelé blanchi (en particulier le pois frais à écosser car le « pois mange-tout » se décongèle mal) ou mis en conserve. Les grains récoltés à maturité peuvent être séchés dans un endroit sec et à l'abri de la lumière après avoir été écossés. Ils se conserveront ainsi quelques mois dans un récipient hermétique. Ils sont nommés alors « pois cassés » car ils se fendent en deux une fois secs.

PARTIES COMESTIBLES

Les graines (fraîches, sèches ou germées), les gousses ou cosses, et les jeunes feuilles (en Asie, elles sont consommées crues ou brièvement sautées).

UTILISATION

Les grains frais peuvent être consommés crus : à la croque-au-sel, en crudité ou en salade ; ou cuits brièvement : sautés, à l'étouffée, à la vapeur, avec du riz, des pâtes, en soupe ou velouté. Les grains secs, « pois cassés », sont souvent préparés en purée, soupe ou ragoût. Les cosses peuvent être consommées crues, dans le cas des « pois mange-tout », ou cuites (après avoir été débarrassées de leurs filaments dans le cas des pois à écosser) de la même façon que les haricots verts : pour les plus tendres, sautées (excellentes avec une sauce tomate), pour les autres en soupe ou velouté. Frais, le pois se marie bien avec la menthe et les oignons.

SOUPE DE COSSES DE PETITS POIS

Pour 6 personnes

- 1,6 kg de petits pois avec les cosses (environ 1 kg de cosses)
- 1 l d'eau
- 2 belles branches de menthe
- Sel et poivre
- 3 c. à soupe de crème fraîche

Écosser les petits pois, en prenant soin d'enlever les fils, s'il y en a. Réserver les petits pois pour une autre recette.
Dans l'autocuiseur, faire cuire 1 kg de cosses avec les branches de menthe dans 1 litre d'eau. Compter 20 minutes à partir du sifflement (prévoir 45 à 50 minutes de cuisson dans une cocotte normale). Arrêter le feu et laisser tiédir avec le couvercle fermé.
Enlever les branches de menthe et passer au moulin avec une grille très fine pour enlever toutes les fibres. Si besoin, ajouter un peu d'eau afin d'obtenir la consistance souhaitée.
Saler, poivrer et servir avec une demi-cuillère de crème fraîche par personne.

VARIANTE

Remplacer les cosses de petits pois et la menthe par des cosses de fèves et de la marjolaine ou de la sarriette.

CRÈME DE PETITS POIS À LA MENTHE

Pour 4 personnes

- 500 g de petits pois
- 2 oignons nouveaux (le bulbe et les tiges)
- 4 feuilles de laitue
- 10 feuilles de menthe fraîche
- 15 cl de crème fraîche liquide
- 1 c. à soupe d'huile de tournesol
- Sel et poivre
- 4 fines tranches de lard

Dans un faitout, faire blondir les oignons émincés dans l'huile.
Ajouter les feuilles de laitue et les petits pois et couvrir d'eau. Laisser cuire pendant 15 à 20 minutes à couvert. Passer les légumes et réserver l'eau de cuisson.
Mixer finement les petits pois, la laitue, les oignons, la menthe fraîche et la crème fraîche liquide. Saler et poivrer. Si la crème est trop épaisse, il est possible de la rallonger avec un peu de l'eau de cuisson.
Laisser refroidir. Servir frais décoré d'une feuille de menthe et d'une tranche de lard grillé.

PÂTES AUX PETITS POIS

RECETTE SICILIENNE

Pour 4 personnes

- 500 g de petits pois frais ou surgelés
- 100 g d'oignons
- 360 g de pâtes
- 2 c. à soupe d'huile d'olive
- Sel et poivre
- 1 œuf (facultatif)

Mettre dans une cocotte les petits pois et les oignons hachés et recouvrir d'eau froide. Ajouter sel et poivre. Faire cuire à feu doux avec le couvercle.
Ajouter l'huile au bout de 20 minutes environ. Poursuivre la cuisson jusqu'à ce que les petits pois soient tendres : il ne doit plus rester d'eau.
Il est possible d'ajouter 1 œuf entier avant la fin de la cuisson, en mélangeant aussitôt.
Pendant ce temps, faire cuire les pâtes à l'eau salée. Lorsqu'elles sont *al dente*, arrêter la cuisson, égoutter et mélanger avec les petits pois.

Pissenlit

UN PEU DE BOTANIQUE

Taraxacum officinale, de la famille des Astéracées comme le cardon, l'artichaut, la salade, l'estragon ou le topinambour. Son nom français est lié aux vertus diurétiques de la plante. Elle est aussi appelée « dent-de-lion » du fait de la forme de ses feuilles. Ramassé dès l'Antiquité, d'abord comme plante médicinale puis comme salade sauvage, c'est la meilleure cueillette du printemps.

PROPRIÉTÉS

Les feuilles de pissenlit, comme la racine, sont très riches en vitamines C et B9. Leurs propriétés diurétiques sont liées aux principes amers qu'elles contiennent. Grâce à la présence de potassium, la plante ne provoque pas, comme beaucoup de diurétiques, de déficit potassique. C'est l'une des plantes comestibles et thérapeutiques les plus connues et utilisées car la liste des propriétés médicinales qui lui sont attribuées est assez conséquente. Le pissenlit a des vertus dépuratives, revitalisantes, tonifiantes, antiscorbutiques et décongestives. Il permet, entre autres, de traiter le manque d'appétit et les troubles digestifs mineurs.

PÉRIODE DE RÉCOLTE

De mars à juin pour les feuilles les plus tendres ; jusqu'en septembre en choisissant les feuilles qui apparaissent au centre, moins coriaces et amères que les feuilles extérieures, plus anciennes. D'avril à septembre pour les fleurs. De septembre à décembre pour la racine (en dehors des périodes de floraison pendant lesquelles la racine est plus fibreuse).

CONSERVATION

Le pissenlit se conserve peu de temps au réfrigérateur. Les feuilles peuvent être congelées après avoir été blanchies. Les fleurs et les racines peuvent être séchées, puis utilisées en infusion. Les boutons floraux et les racines se conservent dans du vinaigre. Les fleurs, après macération, permettent d'aromatiser alcools ou confitures.

PARTIES COMESTIBLES

Les fleurs (boutons et fleurs épanouies), les feuilles et les racines.

UTILISATION

Les racines, les boutons et les feuilles fraîches (rosettes) se consomment crus, en salade, en particulier au début du printemps, au moment où les feuilles sont le plus tendre et le moins amer. Les feuilles plus épaisses se mangent cuites de la même façon que les épinards, en soupe ou sautées à la poêle avec des lardons. Les fleurs peuvent être mangées crues en salade ou être utilisées pour préparer des boissons : tisane, vin de pissenlit, apéritif ou autres boissons fermentées. Mais elles peuvent aussi être utilisées pour des desserts (mousses) et des préparations sucrées comme la confiture, la gelée ou le « miel de pissenlit ». La racine se mange crue, cuite à l'eau (elle se prépare comme le salsifis) ou torréfiée pour remplacer le café.

RECETTES ALTERNATIVES

Le pissenlit peut remplacer l'ingrédient principal des recettes suivantes :

◊ **Tomates cerises au vinaigre**, page 214.
◊ **Soupe aux orties**, page 153.
◊ **Chaussons de verdure**, page 134.

VIN DE PISSENLIT

Pour 1 litre

- 75 cl de vin blanc
- 1 tasse de fleurs de pissenlit fraîches
- 70 à 80 g de sucre
- 5 cl d'eau-de-vie ou d'alcool pour fruits

Cueillir des fleurs de pissenlit sans la tige. Les mélanger aussitôt avec le vin blanc et l'eau-de-vie. Laisser macérer pendant 1 mois. Filtrer, sucrer, bien mélanger et mettre en bouteille. Servir frais.

OMELETTE ENSOLEILLÉE

Pour 4 personnes

- 4 œufs
- 8 fleurs de pissenlit fraîches
- 20 feuilles de pissenlit
- 4 tranches de bacon
- Sel et poivre

Laver et sécher délicatement avec du papier absorbant des fleurs de pissenlit. Retirer les pétales, les réserver, et jeter le cœur. Laver et couper en petits morceaux les feuilles de pissenlit.
Préparer une omelette avec les œufs, les feuilles de pissenlit et le bacon coupé en morceaux. Saler et poivrer. Au moment de servir, parsemer de pétales de pissenlit.

VARIANTES

- Cette recette peut se préparer sans les feuilles de pissenlit ou sans le bacon.
- Remplacer les feuilles de pissenlit par 2 c. à café d'ail pressé ou 8 tiges et bulbes d'ail frais coupés en morceaux et légèrement revenus dans l'huile d'olive avant de les mélanger aux œufs.

MIEL DE PISSENLIT

Ingrédients

- 365 g de fleurs de pissenlit
- 1 kg de sucre
- Le jus d'1 citron
- 1 l d'eau

Cueillir les fleurs de pissenlit sans les tiges et les nettoyer sommairement (ne pas laver pour ne pas perdre le pollen).
Les laisser faner au soleil pendant 1 bonne heure. Mettre les fleurs dans une casserole et couvrir d'eau bouillante. Porter à ébullition pendant 5 minutes. Laisser reposer hors du feu 20 à 30 minutes.
Recueillir le jus de cuisson en pressant les fleurs. Filtrer.
Ajouter au liquide le sucre et le jus de citron. Faire cuire 1 bonne heure jusqu'à ce que le mélange épaississe et prenne la consistance d'un miel doré. Mettre en pot immédiatement.
Pour réduire le temps de cuisson, il est possible d'ajouter de la pectine ou de l'agar-agar, mais la consistance sera moins onctueuse.

VARIANTE

Remplacer l'eau et les fleurs de pissenlit par 1,4 kg de courgettes, non pelées et coupées en morceaux. Laisser cuire cette confiture au moins 1 h 30.

Poireau

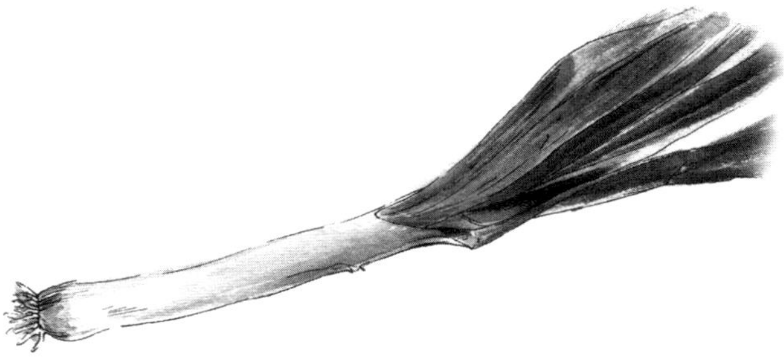

UN PEU DE BOTANIQUE

Allium porrum, de la famille des Liliacées comme l'ail, l'échalote, l'oignon ou l'asperge, il est aussi appelé « asperge du pauvre », porreau, poirée, poirette. Originaire de la région méditerranéenne, le poireau trouve son origine dans l'*Allium polyanthum* ou « poireau des vignes » que l'on trouve encore à l'état sauvage dans les champs et sur les talus. Durant des siècles, en France, le poireau a été la base principale des soupes d'hiver. Aujourd'hui il en existe plusieurs variétés, d'hiver ou de printemps, permettant sa récolte pendant toute l'année.

PROPRIÉTÉS

Le poireau est peu calorique et plutôt riche en fibres très digestes, ce qui permet d'améliorer le transit intestinal et de lutter contre la constipation. Il est source de composés soufrés protecteurs, tout comme l'ail ou l'oignon. Il renferme des provitamines A et des vitamines C (en particulier dans le vert), antioxydantes, ainsi que des minéraux (potassium, phosphore, fer et calcium). Il est connu pour ses propriétés diurétiques, apéritives, antiseptiques, toniques et antiarthritiques.

PÉRIODE DE RÉCOLTE

Les différentes variétés et la résistance du poireau au gel permettent de récolter ce légume toute l'année. D'avril à juin pour les poireaux primeurs (plus minces et tendres) ; de mi-août à mars pour les poireaux au fût plus long, plus épais, et aux feuilles d'un vert plus soutenu.

CONSERVATION

Il se conserve facilement 1 semaine dans le bac à légumes du réfrigérateur. On peut congeler le poireau cru ou après blanchiment, ou le stériliser.

PARTIES COMESTIBLES

Le fût constitué de feuilles engainantes, les graines germées, la hampe florale lorsqu'elle est tendre et même la barbe (les racines du poireau).

UTILISATION

Les jeunes poireaux peuvent se consommer crus, à la croque-au-sel ou émincés très finement dans les salades, en particulier avec des pommes de terre. Le poireau se mange surtout cuit à l'eau, à la vapeur, braisé : en soupe, bouillon, potage, salade avec une vinaigrette, émincé, braisé, en fondue de poireaux, en tarte, quiche, omelette, gratin, dans le pot-au-feu. Les parties vertes plus fibreuses peuvent être réservées pour les bouillons et les soupes ou finement émincés dans les galettes, tartes ou risottos. Les hampes florales tendres, une fois cuites, peuvent être consommées comme des asperges. Les barbes du poireau ou racines se préparent en beignets.

RECETTES ALTERNATIVES

Le poireau peut remplacer l'ingrédient principal des recettes suivantes :

◊ **Fleurs de courgette en beignets**, page 99.

◊ **Potage aux fanes de raves**, page 32.

◊ **Petits chaussons aux oignons**, page 149.

CROUSTILLANTS AUX POIREAUX

Pour 10 pièces

- 5 feuilles de brick
- 550 g de blanc de poireaux
- 2 à 3 c. à soupe d'huile d'olive
- 15 cl de vin de Xérès ou de Porto
- 100 g de fromage à tartiner (type St-Môret)
- 15 g de sucre
- Sel et poivre

Préparer une sauce caramélisée avec le vin : dans une casserole, à feu moyen, mettre le vin et le sucre. Laisser cuire à feu moyen pendant environ 20 minutes en remuant de temps en temps. Le vin

doit épaissir, caraméliser et réduire de moitié. Dès que le vin commence à épaissir, le sortir du feu pour éviter qu'il ne brûle.
Verser l'huile dans une poêle et faire revenir le blanc de poireaux lavé et coupé très fin, à feu doux, pendant environ 25 minutes, jusqu'à ce qu'il soit fondant. Le poireau ne doit pas dorer, si besoin ajouter un peu d'eau. Hors du feu, ajouter le fromage pour lier le mélange. Saler et poivrer.
Couper les feuilles de brick en deux. Répartir la préparation de poireaux, à parts égales, sur les 10 demi-feuilles de brick. Former des rouleaux bien fermés.
Dans une poêle, avec un peu d'huile chaude, faire dorer les rouleaux ou les faire cuire, pendant 7 minutes environ de chaque côté, dans le four préchauffé à 200°C sur une plaque légèrement huilée. Surveiller la cuisson ; dès que les feuilles de brick commencent à dorer, c'est prêt.
Servir les rouleaux avec un petit filet de vin caramélisé, à l'apéritif ou avec une salade verte en entrée.

ÉMINCÉ DE POIREAUX AU SÉSAME

Pour 4 personnes

- 1 kg de poireaux
- 150 g de riz (1 verre)
- 2 verres d'eau
- 2 c. à soupe d'huile d'olive
- 2 à 3 c. à café de tahin (purée de sésame)
- Sel et poivre

Laver et couper les poireaux en rondelles en ne gardant que le blanc et un peu de vert (réserver le reste pour un autre usage). Dans un faitout, faire chauffer l'huile et faire revenir les poireaux pendant 3 minutes à feu moyen. Ajouter le riz et laisser revenir quelques minutes en le mélangeant aux poireaux. Saler et poivrer.
Ajouter 2 verres d'eau (l'équivalent de 2 volumes de riz). Couvrir et faire cuire à feu doux jusqu'à ce que le riz soit prêt, environ 20 minutes. Laisser reposer quelques minutes et ajouter la purée de sésame avant de servir.

CABILLAUD AUX POIREAUX & AUX CAROTTES

Pour 4 personnes

- 4 filets de cabillaud
- 3 poireaux
- 450 g de carottes
- 220 g d'oignons
- 150 g de tomates
- 1 c. à soupe d'huile d'olive
- 1 c. à café de gingembre en poudre
- 1 c. à café de tamari
- Sel et poivre

Saupoudrer les deux côtés des filets de cabillaud avec le gingembre et réserver.

Ébouillanter les tomates pour les peler plus facilement. Dans une sauteuse, déposer les tomates coupées en petits dés, les oignons pelés et coupés en rondelles, les poireaux lavés et coupés en tronçons, les carottes lavées et coupées en rondelles. Couvrir et laisser cuire à feu très doux pendant 20 minutes. Saler légèrement et poivrer.

Disposer sur les légumes les tranches de cabillaud, ajouter l'huile, le tamari et un peu de sel. Couvrir à nouveau et remettre à feu doux 10 minutes.

À la fin de la cuisson, disposer les légumes et le poisson dans un plat de service allant au four et mettre au grill pendant 3 minutes pour faire dorer le poisson.

Poivron

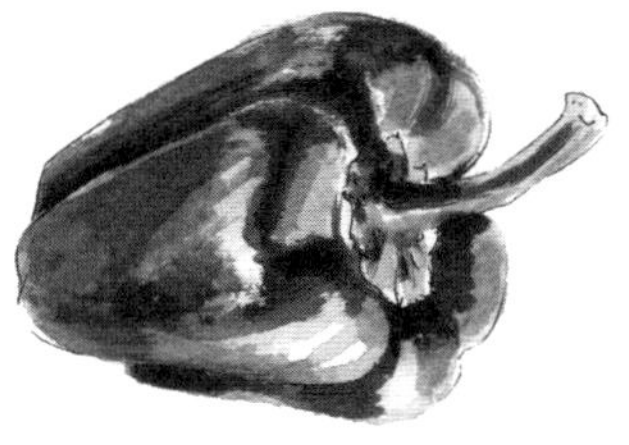

UN PEU DE BOTANIQUE

Capsicum annuum, de la famille des Solanacées comme la tomate, la pomme de terre ou l'aubergine. Le poivron, originaire du Pérou, serait l'une des plantes la plus anciennement cultivées en Amérique. Le poivron (ou piment doux) est un type de piment. Cette plante contient de la capsaïcine, responsable de la sensation de brûlure, afin de repousser les mammifères qui, en digérant ses graines, les détruisent. La modification progressive du piment, par croisements, a permis de produire le poivron, qui n'est plus du tout piquant. Les fruits du poivron peuvent être de formes et de couleurs différentes : rouge, jaune ou orange. Le fruit est également consommé sous sa forme verte, avant maturité.

PROPRIÉTÉS

C'est le légume frais qui renferme le plus de vitamine C ; il contient également de la vitamine E et de la provitamine A (ou carotène), tous antioxydants. La teneur en carotène dépend de la couleur : peu importante dans le poivron vert, elle est multipliée par dix dans le rouge. La présence de capsaïcine, qui stimule les sécrétions digestives, et la haute teneur en fibres, qui favorise le transit intestinal, font du poivron un précieux allié de l'élimination. Et tout cela pour un apport énergétique très bas.

PÉRIODE DE RÉCOLTE

De juillet à octobre.

CONSERVATION

Le poivron se conserve frais, entier, dans le bac à légumes du réfrigérateur pendant 1 semaine. Il est possible de le congeler, coupé en dés, si possible après blanchiment, ce qui permet de mieux préserver la vitamine C que lorsqu'il est congelé cru. Il se conserve 2 à 3 mois en bocaux, dans de l'huile d'olive, après avoir été rôti. Il peut aussi être séché.

PARTIES COMESTIBLES

Les fruits.

UTILISATION

Cru, en dés dans les salades ; ou cuit, au grill, au four, à l'étouffée, à la vapeur, poêlé, sauté, frit (de préférence ceux de forme allongée et à la chair peu épaisse) : en légume d'accompagnement, omelette, salade, sauce, coulis, pizza. Il est essentiel dans la piperade ou la ratatouille. Il est également utilisé en gelée et confiture. Du fait de sa forme creuse, il peut être facilement farci. La peau du poivron peut parfois être difficile à digérer : pour l'enlever, le plus simple est de griller les poivrons au four après les avoir frottés avec un peu d'huile. Lorsque la peau commence à se boursoufler, enfermer les poivrons dans un sac en plastique. Une fois refroidis, la peau s'enlève très facilement.

RECETTES ALTERNATIVES

Le poivron peut remplacer l'ingrédient principal des recettes suivantes :

◊ **Carottes à l'asiatique**, page 51.
◊ **Jolie tarte aux brocolis**, page 63.
◊ **Chutney de tomates vertes**, page 212.

POIVRONS EN FONDUE

Ingrédients

- 200 g de poivrons rouges ou jaunes
- 200 g de carottes
- 200 g d'oignons
- 5 cl d'huile d'olive
- Sel

Peler les oignons et les couper en morceaux. Laver, ôter les graines et couper en morceaux les poivrons. Brosser, laver et couper en rondelles les carottes. Mixer tous les ingrédients. Ajouter l'huile et mélanger. Saler.

Remplir des petits bocaux de cette préparation et stériliser 15 minutes. Utiliser cette fondue en tartine sur du pain chaud, en remplacement partiel ou total de la moutarde dans une vinaigrette, en base de *wrap* ou en base pour sauce provençale.

ESCALIVADA OU SALADE DE POIVRONS MARINÉS À L'AIL

RECETTE ESPAGNOLE

Pour 4-6 personnes

- 500 g d'aubergines
- 6 gros poivrons rouges
- 300 g d'oignons
- 3 gousses d'ail
- Sel
- 4 c. à soupe d'huile d'olive
- 1 c. à soupe de vinaigre

Laver les aubergines et les poivrons. Badigeonner leur peau avec un peu d'huile et les placer entiers dans un grand plat allant au four. Peler les oignons et les placer entiers dans le plat. Mettre dans le four préalablement chauffé à 180°C pendant 35 à 40 minutes, en prenant soin de retourner les légumes de temps en temps pour qu'ils soient bien cuits de tous les côtés.

Une fois que les légumes sont bien tendres, les sortir du four. Mettre les poivrons 20 minutes dans un sac, il sera ensuite plus facile de les éplucher.

Peler les poivrons et les aubergines au-dessus d'un saladier pour récupérer le jus qui se trouve à l'intérieur des légumes. Pour les aubergines, on enlève uniquement la peau et on laisse les graines. Pour les poivrons, on enlève la peau et les graines. Couper les poivrons, les aubergines et les oignons en lamelles et mélanger le tout avec le jus des légumes.

Dans un mortier, piler l'ail avec un peu de sel. Une fois l'ail réduit en purée, mélanger avec le vinaigre, puis incorporer peu à peu l'huile en mélangeant bien. Verser la sauce sur les légumes et réserver au réfrigérateur pendant au moins 3 heures. Servir bien frais.

TARTE TATIN AUX POIVRONS

Pour 6-8 personnes

- 1 pâte à tarte à l'huile d'olive (voir recette page 228)
- 900 g de poivrons multicolores (environ 1 poivron vert, 1 jaune et 2 ou 3 rouges)
- 300 g d'oignons
- 3 c. à soupe d'huile d'olive
- 175 g de camembert
- 1 c. à soupe de sucre
- Sel et poivre

Préparer une pâte à tarte à l'huile d'olive en suivant la recette page 228. Laver les poivrons, ôter les graines et les couper en lamelles. Peler les oignons et les émincer.

Dans une poêle, faire revenir à feu moyen les oignons avec l'huile. Quand l'oignon devient transparent, ajouter les poivrons et les faire cuire environ 8 minutes à feu doux. Ajouter 1 cuillère de sucre pour faire caraméliser le mélange, remuer et retirer du feu.

Recouvrir un plat à tarte de papier sulfurisé. Étaler le mélange d'oignons et poivrons sur le papier. Saler et poivrer. Couper le camembert en fines tranches et le répartir sur toute la surface des légumes.

Fermer avec la pâte à tarte étalée. Bien refermer les bords et faire un trou au milieu de la pâte pour l'empêcher de gonfler.

Faire cuire dans le four préchauffé à 180°C pendant 30 à 40 minutes.

Il est possible que les poivrons rendent un peu d'eau pendant la cuisson au four. Dans ce cas, enlever l'excès de liquide avant de retourner la tarte Tatin sur un plat.

VARIANTE

Remplacer le poivron par des aubergines ou des courgettes ou par un mélange de ces trois légumes.

Pomme de terre

UN PEU DE BOTANIQUE

Solanum tuberosum, tubercule comestible de la famille des Solanacées comme la tomate, le poivron ou l'aubergine. La pomme de terre est originaire des Andes, où elle aurait été domestiquée depuis 8 000 ans. Elle est arrivée en Europe par les navires espagnols au XVIe siècle mais, pendant longtemps, elle est cultivée, non pas pour la consommation humaine, mais uniquement comme curiosité botanique ou pour l'alimentation animale. Finalement, facile à cultiver et à conserver, elle s'impose dans les assiettes européennes. En France, Parmentier en fait sa promotion à la fin du XVIIIe siècle. Aujourd'hui, la pomme de terre est, après le blé, le riz et le maïs, la culture la plus importante au monde.

PROPRIÉTÉS

Contient plus de glucides, principalement sous forme de fécule, que la plupart des légumes. Elle contient plus de vitamine C que l'orange, notamment les pommes de terre primeurs ou celles de conservation fraîchement récoltées. Elle contient également des vitamines B, des protéines et des sels minéraux (potassium, fer, magnésium, ainsi que du calcium et du phosphore). Elle crée un effet de satiété, est très digeste, et facilite le transit intestinal.

PÉRIODE DE RÉCOLTE

De juin à août pour les pommes de terre primeurs qui sont des variétés précoces récoltées avant maturité ; elles peuvent être appelées ainsi jusqu'au 15 août. De juillet à novembre, selon les variétés, pour les pommes de terre de conservation récoltées à complète maturité des tubercules.

CONSERVATION

De 10 à 12 mois pour les pommes de terre récoltées à pleine maturité, dans un local aéré, sec et à l'abri de la lumière, afin d'éviter la germination. Les pommes de terre primeurs ne se conservent que quelques jours. Ne pas conserver au réfrigérateur, les températures froides ayant pour effet de transformer l'amidon en sucre.

PARTIES COMESTIBLES

Les tubercules uniquement. Les parties vertes (feuilles, bourgeons, fruits et fleurs) des *Solanums* contiennent des molécules toxiques, regroupées sous le terme de solanine, qui ne sont pas détruites par la cuisson. Le verdissement des tubercules est ainsi à éviter.

UTILISATION

Toujours cuite : frite, bouillie, à la vapeur, à l'eau, sautée, poêlée, farcie, rôtie au four, à la croûte au sel, sous la cendre, râpée en galette, en soupe, purée, gratin, potage, pot-au-feu, plat en sauce, en gâteau ou pour réaliser des salades composées. Préférer les cuissons avec la peau afin de préserver les vitamines et conserver les minéraux.

RECETTES ALTERNATIVES

La pomme de terre peut remplacer l'ingrédient principal des recettes suivantes :

◊ **Poulet avec sa sauce au pourpier**, page 192.
◊ **Criques de panais**, page 157.

POMMES DE TERRE AUX FÈVES

Pour 4 personnes

- 450 g de fèves fraîches écossées
- 450 g de pommes de terre
- 170 g d'oignons
- 2 c. à soupe d'huile d'olive
- 250 g de tomates
- 1 c. à soupe rase de paprika
- 1 pincée de piment (facultatif)
- Sel et poivre

Peler et couper les pommes de terre en dés. Peler les oignons et les émincer en rondelles. Laver les tomates et les couper en quartiers. Dans un faitout, chauffer l'huile et faire revenir les oignons jusqu'à ce qu'ils soient translucides. Ajouter les fèves et les pommes de terre. Laisser cuire à feu moyen pendant 5 à 10 minutes. Ajouter les tomates, le sel, le poivre, le paprika et le piment. Couvrir et laisser cuire, à feu doux, pendant 30 à 45 minutes jusqu'à ce que les légumes soient tendres. Surveiller la cuisson et ajouter 1 ou 2 cuillères d'eau en cours de cuisson, si besoin.

ÉCRASÉ DE POMMES DE TERRE AU MORBIER

Pour 4 personnes

- 1 kg de grosses pommes de terre à chair ferme
- 300 g de morbier
- 10 g de beurre
- Sel et poivre

Faire cuire à l'eau salée les pommes de terre, entières, épluchées. Quand elles sont cuites (environ 25 à 35 minutes en fonction des variétés), les écraser à la fourchette dans un plat beurré allant au four, sans chercher à en faire de la purée. Poivrer sans crainte. Râper grossièrement le morbier, le répartir sur les pommes de terre écrasées.

Introduire dans le four préchauffé à 150 °C pendant 15 minutes, puis faire gratiner légèrement. Servir immédiatement.

Pourpier

UN PEU DE BOTANIQUE
Portulaca oleracea, de la famille des Portulacacées. Le pourpier est aujourd'hui plutôt considéré comme une plante adventice (qui pousse dans un endroit où l'on ne souhaite pas la voir se développer), alors qu'il a été consommé depuis l'Antiquité comme un légume et utilisé en phytothérapie. Les archives commerciales des Halles de Paris attestent d'une consommation importante jusqu'au milieu du XIXe siècle. Très consommé en Crète, il fait partie du régime crétois.

PROPRIÉTÉS
La feuille de pourpier est très riche en oligoéléments (potassium, magnésium, fer et calcium) et vitamines (B9, C et provitamine A). Le pourpier est peu calorique, apéritif, dépuratif, laxatif, diurétique et bénéfique en cas d'irritation des muqueuses. Il est réputé pour ses antioxydants et ses acides gras oméga-3.

PÉRIODE DE RÉCOLTE
De mai à octobre. Se cultive facilement en pot.

CONSERVATION
Le pourpier frais, très fragile, est à consommer rapidement. Il se conserve seulement 2 jours au réfrigérateur. Il se prête facilement à la congélation. Les tiges et les feuilles du pourpier peuvent être conservées dans du vinaigre, comme les cornichons.

PARTIES COMESTIBLES
Les tiges, les feuilles et les graines germées.

UTILISATION

Se consomme cru en salade, en particulier les jeunes tiges et les petites feuilles au goût légèrement acidulé et épicé. Les tiges plus épaisses et les grosses feuilles, qui deviennent plus dures et ont un goût plus fort, peuvent être cuisinées cuites de la même façon que les épinards : au beurre, à la crème, au jus, en soupe, en sauce, omelette, riz. Les Grecs font frire les feuilles et les tiges à l'huile d'olive, avec de la feta, des tomates, de l'ail et de la marjolaine. Il peut même entrer dans la composition de beignets sucrés. Quel que soit le mode de cuisson choisi, il doit être très court afin de préserver le léger croquant du pourpier et lui conserver ses propriétés diététiques.

RECETTES ALTERNATIVES

Le pourpier peut remplacer l'ingrédient principal des recettes suivantes :

◊ **Pesto de basilic aux amandes**, page 28.
◊ **Tourte toscane aux blettes**, page 39.
◊ **Yaourt au concombre, à la menthe & aux pétales de rose**, page 85.
◊ **Soupe aux orties**, page 153.
◊ **Tomates cerises au vinaigre**, page 214.
◊ **Salade en camaïeu de verts printaniers**, page 133.
◊ **Tarte aux orties et au thon**, page 153.

SALADE DE POURPIER, POMMES DE TERRE & ANCHOIS

Pour 4 personnes

- 150 g de feuilles de pourpier
- 500 g de pommes de terre nouvelles
- 2 échalotes
- 1 c. à café de câpres
- 8 filets d'anchois à l'huile
- Sel et poivre
- 1 c. à soupe de jus de citron
- 3 c. à soupe d'huile d'olive

Brosser et laver les pommes de terre. Les faire cuire à la vapeur pendant 12 à 15 minutes.
Pendant ce temps, laver et hacher les feuilles de pourpier. Peler et couper en rondelles fines les échalotes.

Dans un saladier, mélanger les pommes de terre, le pourpier, les échalotes, les câpres et les anchois en morceaux. Saler et poivrer. Arroser avec le jus de citron et l'huile d'olive. Mélanger délicatement.

POULET AVEC SA SAUCE AU POURPIER

Pour 6 personnes

- 700 g de pourpier (branches et feuilles)
- 6 cuisses de poulet
- 200 g d'oignons
- 2 gousses d'ail
- 2 ou 3 piments frais
- 2 grains de poivre noir
- 2 feuilles de laurier
- 1 pincée de thym
- 1 pincée de cumin
- 20 cl d'eau
- 500 g de tomates
- 3 c. à soupe d'huile d'olive
- Sel
- 12 feuilles de coriandre fraîche

Laver le pourpier et le faire blanchir 7 minutes dans l'eau bouillante non salée.
Mixer le piment (adapter la quantité et la variété de piment selon les goûts), le thym, la tomate lavée, le poivre, le cumin et l'eau.
Peler et émincer les oignons et l'ail. Les faire blondir avec l'huile dans un faitout. Lorsque les oignons deviennent translucides, ajouter le poulet et le faire dorer à feu vif quelques minutes. Couvrir la viande avec la tomate mixée et les feuilles de laurier. Porter à ébullition, couvrir et laisser mijoter à feu doux jusqu'à ce que le poulet soit bien tendre, environ 45 minutes ; ajouter de l'eau en cours de cuisson si nécessaire. Au bout de ce temps, incorporer le pourpier cuit (les branches entières ou coupées en morceaux), saler et laisser mijoter encore 10 minutes. Vérifier l'assaisonnement et servir immédiatement, accompagné d'un riz blanc et de la coriandre fraîche ciselée.

VARIANTE

Pour en faire un plat végétarien, remplacer le poulet par 1,3 kg de pommes de terre coupées en morceaux et diminuer le temps de cuisson en fonction de la variété de pommes de terre.

Radis

UN PEU DE BOTANIQUE

Raphanus sativus, de la famille des Brassicacées comme le chou, le navet, la roquette ou le rutabaga. Le terme « radis » vient du latin *radix* qui signifie « racine ». Le radis serait originaire du Proche-Orient, ou du Sud-Ouest de l'Asie, et est consommé en Chine et au Japon depuis le VIe siècle avant notre ère (dans ces deux pays, il tient toujours un rôle important dans l'alimentation). Au Moyen Âge et à la Renaissance, c'était le légume-racine le plus commun dans le Nord de l'Europe, ainsi qu'en France, d'autant qu'on lui prête alors de nombreuses propriétés médicinales. Mais il faut attendre le XVIIIe siècle pour qu'apparaisse le petit radis rond et rouge que l'on connaît aujourd'hui. Il existe de nombreuses variétés de radis, aux formes, tailles, goûts et couleurs (rouge, rose, blanc, noir, gris) très différents.

PROPRIÉTÉS

Riche en minéraux (potassium, calcium), en oligoéléments et en soufre (qui lui donne sa saveur piquante) et en vitamines (notamment C et B9). Il contient aussi des antioxydants et est très peu calorique. Les fibres alimentaires contenues dans les racines facilitent la digestion et le transit intestinal. Les fanes sont une bonne source de provitamine A, d'antioxydants, de vitamines B9 et C, mais aussi de fer. Le radis aide à la reminéralisation de l'organisme, il a une action antimicrobienne, est diurétique, stimule l'appétit et la digestion. Le radis, surtout le noir, est réputé pour son action bénéfique sur le foie : il l'aide à produire de la bile, ce qui le décongestionne et le désintoxique. Il permet également d'améliorer le fonctionnement de la vésicule biliaire.

PÉRIODE DE RÉCOLTE

D'avril à juin ; puis de septembre à novembre, selon les variétés.

CONSERVATION

Le radis de printemps se conserve de 4 à 7 jours au frais, séparé de ses fanes afin de ralentir la déshydratation, mais il perd rapidement ses vitamines. Le radis d'hiver pousse plus lentement et se conserve plusieurs mois en cave ou plusieurs semaines au réfrigérateur. Les fanes ne se conservent pas plus d'1 jour ou deux au réfrigérateur. Elles peuvent être congelées crues hachées ou entières après blanchiment.

PARTIES COMESTIBLES

Les racines, les feuilles et les tiges (ou fanes), les graines germées et les gousses (ou siliques) d'une variété appelée « radis serpent » qui monte rapidement en graine et forme des gousses comestibles.

UTILISATION

Les jeunes feuilles hachées peuvent être ajoutées crues aux soupes, omelettes, salades. Ou se cuisiner comme des épinards et des feuilles de blette : sautées, en soupe, purée, tarte ou tourte, cake, farce à raviolis. Les radis, légumes-racines légèrement piquants (d'autant plus forts qu'ils ont manqué d'eau), se consomment surtout crus, à la croque-au-sel, en bâtonnets avec du fromage blanc à l'apéritif ou dans des salades, râpés ou en morceaux. Mais aussi cuits : grillés, sautés, rôtis, à la vapeur, glacés, poêlés. Les graines germées, assez piquantes, sont utilisées comme un condiment croquant dans les salades.

RECETTES ALTERNATIVES

Le radis peut remplacer l'ingrédient principal des recettes suivantes :
◊ **Navets glacés**, page 144.
◊ **Pounti auvergnat rapide**, page 38.
◊ **Tarte aux fanes de carotte**, page 49.
◊ **Croquettes d'épinards**, page 113.

VERRINES DE RADIS AU FROMAGE DE CHÈVRE

CRU

Pour 4 personnes

- 200 g de fromage de chèvre frais
- 1 botte de radis roses
- 1 bouquet de ciboulette (dont quelques brins pour décorer)
- 1 gousse d'ail
- 5 cl de crème fraîche épaisse
- Sel et poivre
- 1 à 2 c. à soupe de chapelure

Nettoyer les radis et les râper avec une grille fine. Saler légèrement et laisser reposer une demi-heure pour qu'ils dégorgent un peu de leur eau.
Dans un saladier, mélanger le fromage de chèvre frais avec la crème, la ciboulette ciselée, l'ail émincé très fin, 1 cuillère à soupe de chapelure, le sel et un peu de poivre. Ajouter les radis et bien mélanger. Si les radis rendent la préparation trop liquide, il est possible de l'épaissir en rajoutant un peu de chapelure.
Répartir la préparation dans des verrines. Décorer avec une rondelle de radis, et 1 ou 2 brins de ciboulette.

SAMOSSAS AUX FANES DE RADIS

Pour 6 personnes

- 8 feuilles de pâte filo (ou de brick)
- 350 g de fanes de radis
- 2 gousses d'ail
- 2 c. à soupe d'huile d'olive
- 2 œufs
- 275 g de ricotta
- ½ c. à café de purée de piment ou d'harissa
- 3 c. à café de curry doux
- 2 c. à soupe de pignons de pin
- 1 c. à soupe de raisins secs
- Sel et poivre

Laver les fanes de radis et les hacher très finement. Réserver les radis pour une autre préparation.
Peler l'ail, l'écraser et le faire revenir dans une poêle avec 1 cuillère à soupe d'huile. Lorsqu'il est doré, ajouter les fanes et les faire revenir

à feu moyen pendant 5 minutes. Ajouter le curry, le piment et les raisins secs, baisser le feu et laisser cuire 3 minutes.
Dans un saladier, battre les œufs et mélanger avec la ricotta. Ajouter les fanes et les pignons, et bien mélanger. Saler et poivrer. Couper les feuilles de pâte filo en deux. Déposer 1 cuillerée de la préparation dans un coin et plier de manière à former des samossas triangulaires. Les déposer sur une plaque huilée. Les faire cuire, dans le four préalablement chauffé à 200°C pendant 15 minutes, en les retournant en milieu de cuisson afin que les samossas dorent des deux côtés.
Servir les samossas chauds accompagnés d'une salade verte.

VARIANTES

- Remplacer les fanes de radis par 85 g de feuilles d'ortie.
- Remplacer les fanes de radis par 450 g d'épinards.

SOUPE FROIDE AUX FANES & AU LAIT DE COCO

Pour 4 personnes

- Les fanes de 2 bottes de radis
- 350 g de pommes de terre
- 50 cl d'eau
- 20 cl de lait de coco
- 7 ou 8 feuilles de menthe
- Sel et poivre

Trier et laver les fanes de radis (réserver les racines pour une autre utilisation). Peler et laver les pommes de terre. Faire cuire fanes et pommes de terre dans un demi-litre d'eau pendant 15 minutes à partir de l'ébullition. Mixer en conservant l'eau de cuisson et en ajoutant le lait de coco, la menthe, le sel et le poivre. La soupe doit avoir une consistance onctueuse.
Mettre au réfrigérateur pendant au moins 3 heures. Servir froid.

VARIANTE

Remplacer une partie des fanes des radis par un mélange de fanes de carotte et le vert d'un oignon.

SALADE DE RADIS & DE POMMES

CRU

Pour 4 personnes

- 200 g de radis roses
- 100 g de radis noirs
- 1 belle pomme
- Le jus d'½ citron
- Sel et poivre
- 2 brins de persil

Laver les radis et la pomme, et les râper.
Dans un saladier, mélanger les radis et la pomme avec un filet de citron. Saler et poivrer. Servir décoré avec un peu de persil fraîchement ciselé.

ÉMINCÉ DE RADIS NOIR

CRU

Pour 4 personnes

- 300 g de radis noirs
- 100 g de carottes
- 10 noisettes entières
- 1 c. à soupe de persil ciselé
- 1 c. à soupe de purée de noisettes
- 1 c. à soupe de sauce soja
- 1 c. à soupe de vinaigre balsamique
- 1 c. à soupe d'eau
- 2 c. à soupe de graines de courge
- Sel et poivre

Peler les radis noirs et les couper en tranches très fines à l'aide d'une mandoline. Disposer les tranches sur un grand plat. Saler et poivrer très légèrement. Parsemer sur les radis les carottes épluchées et râpées.
Préparer une sauce avec la purée de noisettes, l'eau, le vinaigre et la sauce soja. La verser sur les légumes. Laisser mariner au réfrigérateur au minimum 6 heures.
Dans une poêle, faire griller à sec les noisettes concassées et les graines de courge. Au moment de servir, saupoudrer les radis avec le persil ciselé, les noisettes et les graines de courge.

CHEESECAKE DE RADIS AU FROMAGE DE CHÈVRE

Pour 6-8 personnes

- 100 g de biscuits apéritif salés (type TUC)
- 40 g de beurre
- 450 g de radis
- 300 g de fromage frais de chèvre
- 4 g d'agar-agar en poudre
- 20 cl de crème fraîche liquide (ou moitié crème, moitié lait)
- Sel et poivre
- 6 brins de ciboulette
- 1 c. à soupe de graines de courge

Mixer avec un robot les biscuits et le beurre ramolli. Ou écraser les biscuits dans un sac à l'aide d'une pierre ou d'un marteau puis mélanger avec le beurre ramolli.
Étaler cette préparation au fond des cercles individuels à pâtisserie (ou d'un moule à fond amovible d'environ 24 cm de diamètre) et mettre au réfrigérateur jusqu'à ce que la pâte durcisse.
Détailler en rondelles 2 radis et réserver pour la décoration.
Râper les autres et les mettre à dégorger 1 heure avec 3 pincées de sel. Bien égoutter.
Écraser le fromage frais à la fourchette et le mélanger avec les radis râpés. Vérifier l'assaisonnement et ajouter un peu de poivre et de sel, si nécessaire.
Mélanger l'agar-agar avec la crème froide. Porter à ébullition la crème, puis laisser frémir 3 secondes. Mélanger avec le fromage et les radis.
Étaler cette préparation sur le biscuit, presser et mettre au réfrigérateur pendant au moins 8 heures.
Décorer avec des rondelles de radis, quelques graines de courge grillées à sec et la ciboulette ciselée.

VARIANTE

Remplacer le radis et la moitié du fromage de chèvre frais par 500 g de concombre, 10 feuilles de menthe fraîche et 1 yaourt nature.

RADIS NOIR GRATINÉ & SA SAUCE AU YAOURT

Pour 4 personnes
- 600 g de radis noirs
- 25 cl de crème fraîche
- 3 c. à soupe de parmesan fraîchement râpé
- 4 œufs
- 10 g de beurre pour le moule
- Sel et poivre
- Noix de muscade

Pour la sauce au yaourt
- 3 brins de persil
- 2 c. à soupe de crème fraîche épaisse
- 1 yaourt nature
- Sel

Peler les radis, les laver et les détailler en gros dés.
Dans un autocuiseur, mettre les radis, les couvrir d'eau salée et laisser cuire 8 minutes après le début du sifflement (prévoir 30 minutes pour une cuisson en cocotte normale).
Égoutter les radis (réserver l'eau de cuisson pour une autre préparation) et les réduire en purée.
Dans un saladier, mélanger la crème, les œufs, le parmesan, la noix de muscade fraîchement râpée, le sel et le poivre. Incorporer la purée de radis et mélanger. Verser dans un plat allant au four préalablement beurré. Enfourner pendant environ 30 minutes à 160°C. Arrêter le four et laisser reposer pendant 15 minutes avant de sortir le plat du four.
Préparer une sauce avec le yaourt, le persil ciselé, la crème et un peu de sel. Ou utiliser un yaourt au persil élaboré selon la recette de la page 170.
Servir ce gratin bien chaud accompagné de la sauce au yaourt.

Rhubarbe

UN PEU DE BOTANIQUE

Rheum rhabarbarum, de la famille des Polygonacées comme l'oseille. Son nom voudrait dire « plante barbare de la Volga » du fait qu'elle poussait spontanément dans le Nord de l'Asie (Sibérie) et n'était consommée que des peuples « barbares ». Son emploi se développe ensuite en Chine, où on l'utilise pour les propriétés médicinales de sa racine. Introduite en Europe par Marco Polo, elle a d'abord été cultivée à des fins médicinales et ornementales. La première utilisation de la rhubarbe comme aliment ne date que du XVIIe siècle, en Angleterre, avant d'être introduite sur les tables françaises.

PROPRIÉTÉS

Source importante de fibres alimentaires, elle est très riche en vitamines (K, B et C) et en minéraux (calcium, potassium, phosphore et magnésium). Elle a des propriétés laxatives, toniques, apéritives, antianémiques.

PÉRIODE DE RÉCOLTE
En deux fois, de fin avril à juin, puis fin septembre.

CONSERVATION
Seulement 2 ou 3 jours au réfrigérateur car elle a tendance à ramollir très vite. Elle se congèle coupée en tronçons, telle quelle ou après avoir été rapidement blanchie. La stérilisation est déconseillée ; pour une conservation en pot, il est préférable de la préparer en compote ou confiture.

PARTIES COMESTIBLES
Uniquement la tige qui est en réalité le pétiole charnu qui relie la feuille à la tige. Les feuilles peuvent être toxiques à cause notamment de leur teneur en acide oxalique.

UTILISATION
La tige peut être mangée crue, à la croque-au-sel, en salade ou après avoir laissé macérer les tronçons quelques heures dans du sucre. Cuite, elle se prépare surtout sucrée en dessert (mousse, tarte, clafoutis, crumble, compote, confiture, glace, gâteau, financier) ou boissons (jus, sorbet, sirop). Pour atténuer l'acidité de la rhubarbe tout en limitant l'adjonction de sucre, on peut lui adjoindre d'autres fruits, en particulier des bananes, des fraises ou tout type de fruits rouges. On peut aussi blanchir les tiges 2 minutes à l'eau bouillante ou les faire tremper quelques minutes dans de l'eau additionnée d'une pincée de sel avant de les faire cuire. La rhubarbe gagnerait aussi à être connue en tant que légume dans des plats salés, ajoutée aux ingrédients d'une soupe, d'un tajine, d'un ragoût de viande ou d'un curry de lentilles comme en Inde. Du fait de son acidité, elle peut, par exemple, remplacer l'oseille dans l'omelette ou dans une sauce accompagnant du poisson. Elle est aussi délicieuse dans les chutneys et toute préparation aigre-douce. Elle se marie très bien au yaourt nature ou au fromage blanc.

RECETTES ALTERNATIVES
La rhubarbe peut remplacer l'ingrédient principal des recettes suivantes :
◊ **Financier aux graines de fenouil & aux pistaches**, page 122.
◊ **Chutney de betteraves rouges**, page 32.

COMPOTE DE RHUBARBE & BANANE

Ingrédients

- 1 kg de rhubarbe
- 150 g de sucre
- 200 g de bananes

Trier, laver et couper en tronçons la rhubarbe. Peler les bananes et les couper en tranches. Mettre les fruits avec le sucre dans une grande casserole, mélanger et laisser au frais toute une nuit. Le lendemain, la macération de la rhubarbe aura produit du jus : ne pas l'enlever. Chauffer la casserole avec les fruits et leur jus à feu moyen en remuant de temps en temps. Faire cuire la compote pendant environ 15 à 20 minutes, jusqu'à ce que les fruits se transforment en purée.
Mettre en pot et conserver au réfrigérateur pendant une dizaine de jours. Ou stériliser les pots pour conserver la compote pendant plusieurs mois.

VARIANTE

À la place d'une compote, faire une confiture en augmentant la quantité de sucre à 750 g et en doublant, voire plus, le temps de cuisson. Pour savoir si la confiture est prête, verser une goutte de la préparation dans une assiette très froide, elle doit rester figée.
Il est également possible de remplacer les bananes dans cette confiture par 4 oranges biologiques non pelées et coupées en petits morceaux.

RHUBARBE GRATINÉE

Pour 6-8 personnes

- 700 g de rhubarbe
- 250 g de bananes
- 20 cl de lait
- 60 g de farine
- 100 g de sucre
- 100 g d'amandes en poudre
- 3 œufs
- 1 sachet de sucre vanillé
- 6 g de beurre pour le moule
- 1 c. à soupe d'amandes effilées (facultatif)

Trier, laver et couper la rhubarbe en tronçons. Peler les bananes et les couper en rondelles. Disposer les fruits dans un plat beurré allant au four.

Mélanger les œufs et le sucre jusqu'à ce que le mélange devienne mousseux. Ajouter la farine et la poudre d'amande et mélanger. Incorporer petit à petit le lait jusqu'à obtenir un mélange homogène. Verser cette préparation sur les fruits et saupoudrer de sucre vanillé et des amandes effilées.

Faire cuire 30 minutes au four préalablement préchauffé à 170°C.

CONFITURE DE RHUBARBE PARFUMÉE AUX PÉTALES DE ROSE

Ingrédients

- 1 kg de rhubarbe
- 900 g de sucre
- Le jus d'1 citron
- 30 à 50 g de pétales de roses anciennes (les plus parfumées)

Trier, laver et couper en petits tronçons (de 5 cm environ) la rhubarbe, en enlevant les plus gros fils. Dans une casserole, les mélanger avec le sucre et le jus du citron. Ajouter les pétales de roses. Mélanger. Faire macérer toute une nuit au frais.
Le lendemain, faire cuire la préparation à feu vif jusqu'à ébullition, puis baisser le feu et laisser cuire pendant encore 20 minutes environ. Mettre dans des pots ébouillantés au préalable et fermer hermétiquement. Retourner les pots et laisser refroidir.

Sureau ◆ noir

UN PEU DE BOTANIQUE

Sambucus nigra, arbuste de la famille des Caprifoliacées, très répandu dans les haies, sur les bords de rivières et des potagers. Il est connu depuis l'Antiquité pour ses propriétés thérapeutiques. Le nom latin *sambucus* signifie «flûte». En effet, la moelle des tiges s'enlève aisément, ce qui permet de réaliser des flûtes rustiques. Ne pas le confondre avec le faux sureau ou sureau yèble, grande herbacée toxique qui porte ses fleurs et fruits dressés vers le ciel alors que le sureau noir a un port tombant.

PROPRIÉTÉS

Les fleurs et les baies possèdent des propriétés diurétiques et laxatives. Elles sont également analgésiques, sédatives et sudorifiques. L'infusion de fleurs fraîches ou sèches est excellente pour soigner les refroidissements et combattre les catarrhes des voies respiratoires supérieures. Les fruits, riches en acides aminés et vitamine C, sont intéressants pour lutter contre les infections virales.

PÉRIODE DE RÉCOLTE

D'avril à juillet pour les fleurs ; d'août à septembre pour les baies.

CONSERVATION

Les fleurs peuvent s'utiliser fraîches le jour même, ou se conserver plusieurs mois une fois séchées. Elles servent également à aromatiser le vinaigre. Les baies se conservent en confiture ou en gelée.

PARTIES COMESTIBLES

Les fleurs (sans les pédoncules) et les fruits (uniquement cuits car cela supprime la sambucine, alcaloïde toxique présent dans les baies et pouvant provoquer, à forte dose, vomissements et diarrhées).

UTILISATION

Les fleurs, très aromatiques, appelées « vanille du pauvre » sont très prisées comme condiment et pour les desserts. Elles se préparent en beignets, flan, gâteau et parfument confitures ou gelées. Elles sont également utilisées pour réaliser des boissons : sirop, limonade, vin, liqueur et boissons fermentées. Les fruits mûrs peuvent être utilisés en confiture, pâte de fruits, gelée, gâteau, crumble et pour élaborer des boissons. Ils constituent un important colorant naturel.

RECETTES ALTERNATIVES

Le sureau noir peut remplacer l'ingrédient principal des recettes suivantes :

◊ **Fleurs de courgette en beignets**, page 99.

◊ **Sorbet à la menthe fraîche**, page 138.

APÉRITIF AUX FLEURS DE SUREAU NOIR

Pour 1 litre

- 75 cl de vin blanc
- 5 belles ombelles de fleurs de sureau noir
- 65 à 75 g de sucre
- 5 cl d'eau-de-vie
- Le zeste d'½ citron

Cueillir dans un sac en papier (et non pas en plastique) les fleurs de sureau lorsque les boutons sont ouverts et que les fleurs sont encore blanc-crème.
Laver le citron et enlever la peau superficielle (le zeste, sans le blanc) de la moitié du citron. Dans un grand récipient, mélanger le sucre, le vin et l'eau-de-vie. Plonger les fleurs (non lavées) et la peau de citron. Fermer hermétiquement et laisser macérer 15 jours à température ambiante. Enlever les fleurs et la peau de citron, filtrer et mettre en bouteille. Déguster frais.
Se conserve des mois dans une cave fraîche.

LIMONADE AUX FLEURS DE SUREAU NOIR

Pour 2 litres

- 4 ombelles de fleurs de sureau noir
- 2 l d'eau
- 225 g de sucre
- 2 citrons

Cueillir et nettoyer les ombelles, sans les laver. Les mettre dans un bocal avec les citrons lavés et émincés, le sucre et l'eau. Recouvrir le col du bocal d'un tissu et exposer au soleil, en remuant de temps en temps. Quand des bulles apparaîtront, après 5 à 6 jours, filtrer et verser le liquide dans des bouteilles de limonade et les fermer hermétiquement. Ne pas trop remplir les bouteilles, sous risque d'explosion avec la fermentation.
Placer au frais pendant 2 semaines avant de déguster.

CONFITURE DE BAIES DE SUREAU NOIR

Ingrédients

- 1 kg de baies de sureau noir
- 400 g de sucre
- Le jus d'½ citron
- 4 g d'agar-agar en poudre (facultatif)

Cueillir les baies de sureau noir bien mûres. Les laver et les égoutter. Dans une bassine à confiture, mélanger le sucre et le sureau. Laisser macérer au frais toute une nuit.
Le lendemain, porter la bassine à ébullition. Arrêter le feu et laisser refroidir. Passer les baies au moulin à légumes fin. Remettre la bassine à feu moyen avec la purée de sureau obtenue et le jus de citron.
Faire cuire au moins 1 heure jusqu'à ce que la confiture prenne la consistance souhaitée (vérifier en déposant une goutte sur une assiette très froide). Pour réduire le temps de cuisson, il est possible d'ajouter de la pectine ou de l'agar-agar (dans ce cas, faire cuire la confiture pendant 20 minutes, laisser refroidir, mélanger avec l'agar-agar, porter à ébullition et laisser frémir 5 secondes).
Mettre en pot immédiatement, fermer hermétiquement et laisser refroidir à l'envers.

VARIANTE

Gelée aux baies de sureau : couvrir d'eau les baies et amener doucement à ébullition pour faire crever les fruits. Passer ensuite délicatement les fruits et le jus à travers un tamis ou chinois, sans presser pour éviter que la gelée ne soit trouble.
Peser le liquide obtenu et compter 850 g de sucre pour 1 litre de liquide.
Faire cuire à feu doux le jus et le sucre jusqu'à ce que celui-ci soit entièrement dissous.
Puis monter à feu moyen et laisser réduire en mélangeant de temps en temps jusqu'à obtention de la consistance souhaitée. Mettre en pot, fermer et laisser refroidir à l'envers.

GELÉE AUX FLEURS DE SUREAU NOIR

Ingrédients

- 5 ombelles de fleurs de sureau noir fraîchement coupées
- 1,5 l d'eau
- 900 g de sucre
- Le jus d'1 citron
- 6 g d'agar-agar en poudre

Au moment de la récolte, les fleurs de sureau ne doivent pas être encore en boutons ni commencer à faner. Afin de ne pas perdre le pollen, il ne faut pas les laver. Il faut donc les récolter dans un endroit non pollué.
Dans un grand saladier, mettre uniquement les fleurs, en prenant soin d'enlever les petites branches.
Faire bouillir l'eau et la verser sur les fleurs. Fermer hermétiquement et laisser macérer pendant 4 jours dans un endroit frais et à l'abri de la lumière.
Filtrer et peser le liquide obtenu. Ajouter 900 g de sucre pour 1 litre de liquide, ainsi que le jus de citron qui facilitera la gélification et l'agar-agar en poudre de préférence (pour les autres types d'agar-agar, adapter les quantités et le mode d'emploi aux conseils du fabricant).
Bien mélanger et faire chauffer dans une grande casserole jusqu'à ébullition. Laisser frémir 5 secondes et mettre immédiatement en pot. L'agar-agar durcit en refroidissant.

Tomate

UN PEU DE BOTANIQUE

Lycopersicum esculentum, de la famille des Solanacées comme l'aubergine, le poivron ou la pomme de terre. La tomate est originaire des Andes où elle pousse encore à l'état sauvage, mais elle aurait été domestiquée au Mexique. Elle arrive en Europe au XVIe siècle, d'abord en Espagne, puis en Italie (à partir de Naples, alors sous domination espagnole) et un peu plus tard dans le reste de l'Europe. Mais elle a longtemps inspiré de la méfiance car elle est de la même famille que certaines plantes européennes qui sont toxiques (la morelle noire, la belladone, le datura ou la mandragore). On la cultive donc d'abord comme objet de curiosité botanique ou plante ornementale, et il faut attendre plus de deux siècles pour que son adoption comme aliment commence à se généraliser en Europe. Il en existe maintenant de très nombreuses variétés : elles peuvent être rouges, jaunes, orange, noires, roses ou même vertes, zébrées, côtelées, rondes, allongées. Les variétés anciennes peuvent être moins belles, mais elles sont souvent plus goûteuses : tout un monde à découvrir !

PROPRIÉTÉS

La tomate contient des antioxydants, principalement des caroténoïdes, dont le plus abondant est le lycopène, un pigment qui donne à de nombreuses variétés leur couleur rouge vif. La tomate est une bonne source de vitamine C, en particulier lorsqu'elle est crue, et de vitamines du groupe A et B. Elle contient aussi de nombreux minéraux : cuivre, phosphore, magnésium et potassium. Riche en eau et pauvre en calories, c'est un légume diététique mais aussi diurétique et stimulant pour les reins.

PÉRIODE DE RÉCOLTE

De juillet à octobre. Les variétés de tomate cerise peuvent se cultiver dans une jardinière sur un balcon.

CONSERVATION

Fraîches, elles se conservent de préférence à température ambiante pendant 3 à 4 jours dans une corbeille à fruits. Le réfrigérateur est à éviter car, exposée à des températures inférieures à 15°C, la saveur et la texture de la tomate se détériorent. Les tomates qui ne sont pas complètement arrivées à maturité continuent à mûrir une fois cueillies, placées dans un sac en papier, mais elles sont moins savoureuses que les tomates ayant mûri sur pied. Elles peuvent se conserver séchées au four, au déshydrateur ou au soleil comme dans certaines régions d'Italie ; congelées entières ; stérilisées après ébullition ou après avoir été cuisinées en sauce, coulis ou concentré de tomate. Les tomates de la fin de la saison, restées vertes, se préparent en confiture.

PARTIES COMESTIBLES

Uniquement les fruits.

UTILISATION

La tomate trouve une multitude d'utilisations : crue ou cuite, froide ou chaude, fraîche ou séchée, de l'apéritif au dessert et même en boisson. Crue : en salade (seule ou avec d'autres ingrédients), à la croque-au-sel, farcie (aux œufs, thon, herbes, riz, etc.), écrasée sur du pain avec de l'huile d'olive, en soupe froide ou gaspacho mais aussi en jus, sorbet et granité. Elle se marie avec le basilic, l'ail, le persil ou la coriandre. Cuite : sautée, farcie, en soupe, consommé, tarte, gratin et dans une multitude de plats auxquels elle donne couleur et saveur, comme la ratatouille. Elle se marie avec presque tous les légumes et accompagne viandes, poissons et céréales. C'est l'ingrédient indispensable de nombreuses sauces (1 cuillerée de sucre ajoutée à la sauce permet de neutraliser l'acidité des tomates). Enfin, les tomates vertes de fin de saison peuvent servir à la confection de confitures, chutneys, beignets, tartes et gâteaux. Il est préférable de manger les tomates avec la peau car elle contient davantage d'antioxydants que leur chair et leurs graines. Mais, si on veut l'enlever, quelques secondes dans l'eau bouillante faciliteront l'épluchage.

RECETTES ALTERNATIVES

La tomate peut remplacer l'ingrédient principal des recettes suivantes :

◊ ***Salmorejo* de concombre**, page 83.
◊ **Risotto au potiron**, page 90.

CHUTNEY DE TOMATES VERTES

Ingrédients

- 600 g de tomates vertes
- 250 g d'oignons
- 1 pomme acide
- 50 g de gingembre frais
- 2 ou 3 piments forts
- 20 cl de vinaigre balsamique
- 150 g de sucre
- 5 g de sel
- 1 c. à soupe d'huile d'olive
- 5 clous de girofle
- 3 feuilles de laurier
- 15 grains de coriandre
- Poivre noir moulu

Laver et couper les tomates vertes, la pomme, le gingembre et les piments en petits morceaux. Mélanger avec le sucre, le vinaigre et les condiments. Laisser macérer au minimum 1 heure. Peler et couper les oignons en petits morceaux. Dans une casserole avec un peu d'huile, faire revenir les oignons jusqu'à ce qu'ils deviennent translucides. Ajouter tous les autres ingrédients et les porter à ébullition. Laisser cuire pendant 1 bonne heure à feu moyen en remuant régulièrement pour que la préparation n'accroche pas. Le chutney doit ressembler à une confiture (ni trop liquide, ni trop épaisse).
À la fin de la cuisson, enlever les feuilles de laurier et les clous de girofle. Il est possible de mixer le chutney pour obtenir une consistance uniforme ou bien le laisser avec des petits morceaux. Verser la préparation encore très chaude dans les pots en verre stérilisés, fermer immédiatement et retourner les pots. Laisser refroidir. Le chutney peut se conserver plusieurs mois dans une cave à l'abri de la lumière. Servir par exemple avec une viande froide ou chaude, du foie gras, des beignets de légumes ou une fondue bourguignonne.

VARIANTE

Chutney de tomates et poivrons : ajouter 250 g de poivrons verts et 50 g de raisins secs, et augmenter la quantité de vinaigre à 75 cl et le sucre à 200 g.

KETCHUP'TNEY DE TOMATES DE FIN DE SAISON

Ingrédients

- 3 kg de tomates (toutes variétés et tous stades de maturité, même vertes)
- 1 kg d'oignons jaunes
- 380 g de branches de céleri
- 3 c. à soupe d'huile d'olive
- 250 g de poivrons rouges
- 25 cl de vinaigre de cidre
- 25 cl de vinaigre blanc
- 500 g de sucre
- 30 g de graines de moutarde
- 5 g de poivre
- 5 g de graines de coriandre
- 4 g de gingembre séché
- 1,5 g de clous de girofle
- 1 g de piment d'Espelette séché
- 1 g de piment Habanero séché
- 5 feuilles de laurier
- 1 pincée de sel

Laver et couper les tomates, le céleri et les poivrons en petits cubes (si le ketchup ne doit pas être mixé en fin de cuisson) ou en morceaux plus gros (si le ketchup est mixé en fin de cuisson).
Peler, émincer les oignons et les faire revenir dans une grande casserole avec l'huile. Lorsqu'ils sont translucides, ajouter le sel, les poivrons et le céleri, et faire dorer à feu vif pendant 3 à 4 minutes.
Ajouter les tomates et faire cuire à feu doux pendant 30 minutes.
Ajouter le vinaigre, le sucre, le laurier et les épices pilées (graines de moutarde, de poivre, de coriandre, gingembre, clous de girofle et piments). Laisser réduire à découvert jusqu'à obtenir la consistance souhaitée. Mixer finement ou partiellement pour conserver quelques petits morceaux, ou laisser tel quel.
Mettre en bocaux et stériliser (ajuster le temps en fonction de la contenance des pots, compter environ 20 minutes à ébullition pour des pots de 25 cl).
À consommer froid, étalé sur du pain grillé ou comme un ketchup classique. Il est également possible de réduire la quantité de sucre si la préparation est destinée à être consommée avec un plat chaud, pâtes ou riz par exemple.

TOMATES CERISES AU VINAIGRE

Ingrédients

- 1 kg de tomates cerises vertes ou rouges
- 1,5 l environ de vinaigre d'alcool blanc
- Aromates (à associer selon les goûts) : 6 feuilles d'estragon, 1 brin de thym, 1 piment rouge, 2 c. à café de graines de moutarde, 10 grains de poivre, 1 c. à café de graines de cumin, 10 graines de coriandre, 3 clous de girofle, 2 feuilles de laurier, etc.
- 1 c. à café de gros sel

Laver les tomates, sans en ôter le pédoncule. Les essuyer délicatement avec un linge propre.
Dans un grand bocal en verre, disposer les tomates, les aromates et le gros sel. Arroser avec du vinaigre d'alcool bouilli et encore bien chaud. Laisser tiédir.
Fermer le bocal hermétiquement et le conserver au frais. Attendre 1 mois avant de consommer les tomates. Elles peuvent se garder ainsi pendant des années mais plus le temps passe, plus elles se gorgent de vinaigre et perdent leur croquant. Elles sont donc meilleures pendant les 7 premiers mois.
Ces tomates en condiment accompagnent à merveille des poissons pochés froids ou chauds, des terrines de toutes sortes, des céréales.

VARIANTES

- Remplacer 50 cl de vinaigre par 25 cl de vin blanc, 25 cl d'eau et 50 g de sucre (ou miel) pour obtenir des tomates avec un goût plus doux et moins vinaigré.
- Remplacer les tomates cerises par des feuilles de pourpier et les déguster comme des câpres.
- Remplacer les tomates cerises par des boutons de fleur d'ail des ours.
- Remplacer les tomates cerises par des boutons de fleurs de pissenlit et les consommer au bout de 3 mois, comme des câpres.

GAZPACHO (LE VRAI, AVEC UN « Z »)

CRU

Pour 4 personnes

- 1 kg de tomates bien mûres
- 100 g de poivrons verts
- 250 g de concombre
- 50 g d'oignons
- 1 ou 2 gousses d'ail
- 5 c. à soupe d'huile d'olive
- 3 c. à soupe de vinaigre (de Xérès de préférence)
- Sel

Peler les oignons et l'ail. Laver les autres légumes. Il n'est pas nécessaire d'éplucher les tomates, les concombres et les poivrons.
À l'aide d'un robot, broyer très finement tous les légumes. Le *gazpacho* est une soupe liquide, mais doit avoir un peu de corps, sans être trop épaisse non plus. Si le résultat est trop liquide, ajouter encore 1 ou 2 tomates, ou un peu de mie de pain. Au contraire, avec des tomates pas très mûres, le *gazpacho* peut être trop épais, dans ce cas il est possible d'ajouter un peu d'eau jusqu'à obtenir la consistance souhaitée.
Passer ensuite cette préparation à la passoire tamis ou au chinois, pour obtenir une consistance plus fine, ou bien la garder en l'état.
Ajouter l'huile, le vinaigre, le sel et bien mélanger.
Laisser reposer quelques heures au réfrigérateur. Servir très frais : il est possible d'ajouter des glaçons si nécessaire.
Pour une entrée plus complète, on peut parsemer sur le *gazpacho* des petits morceaux de poivron, de concombre, de pain frits, du jambon cru coupé en lamelles, de l'œuf dur râpé, de l'oignon émincé, etc.

CLAFOUTIS DE TOMATES AU THON

Pour 4 personnes

- 150 g de thon au naturel
- 500 g de tomates cerises
- 100 g de tomates bien mûres
- 400 g d'oignons
- 25 g de farine
- 12 cl de lait
- 2 c. à soupe d'huile d'olive
- 2 gousses d'ail
- ½ c. à soupe de piment (facultatif)
- 1 petit brin de thym
- 20 feuilles de basilic
- 4 œufs
- Sel et poivre

Peler et émincer les oignons. Les faire blondir dans une poêle avec l'huile chaude. Lorsqu'ils sont translucides, ajouter l'ail pelé et haché, les tomates (sauf les tomates cerises) lavées et coupées en morceaux, le piment, le thym et le basilic ciselé. Faire réduire quelques minutes à feu doux. Saler et poivrer.
Dans un saladier, battre les œufs et ajouter la farine. Incorporer petit à petit le lait. Mélanger avec le thon émietté et la sauce tomate. Goûter et saler légèrement, si besoin. Dans un plat allant au four, répartir les tomates cerises et verser par-dessus la préparation à clafoutis.
Faire cuire dans le four préchauffé à 160 °C pendant 30 à 40 minutes. Servir chaud ou froid, accompagné de riz ou d'une autre céréale.

VARIANTES

- Remplacer les tomates par 300 g de grains de fèves et 15 cl de crème fraîche.
- Remplacer 300 g de tomates cerises par 200 g de haricots verts et 10 cl de crème fraîche.

TARTE À LA TOMATE, AUX OIGNONS & AU PIMENT

Pour 6 personnes

- 250 g de pâte brisée ou feuilletée (voir recette page 227)
- 1 à 2 c. à soupe de moutarde forte ou assaisonnée aux herbes
- 175 g d'oignons
- 400 g de tomates
- 2 c. à café de piment d'Espelette en poudre
- 100 g de gruyère râpé
- Poivre (facultatif)

Préparer une pâte en suivant la recette de la page 227. L'étaler dans un moule à tarte de 25 cm de diamètre. Tartiner le fond de la tarte d'une fine couche de moutarde.
Peler et émincer les oignons et les répartir sur la moutarde. Laver et couper les tomates en minces rondelles et les disposer sur les oignons, bien serrées. Poivrer légèrement (inutile de saler, la moutarde s'en charge). Saupoudrer avec le piment en poudre. Terminer avec le gruyère râpé.
Faire cuire dans le four préchauffé à 180°C pendant 35 à 40 minutes. Moins longtemps pour une pâte feuilletée.

POISSON EN *VINAGRETA*

RECETTE ESPAGNOLE

Pour 4 personnes

- 600 g de lieu (ou un autre poisson blanc)
- 400 g de tomates
- 1 œuf dur
- 100 g d'oignons
- 75 g de poivrons rouges grillés
- 2 cornichons au vinaigre
- 75 g d'olives vertes dénoyautées
- 3 c. à soupe huile d'olive
- 1 c. à soupe de vinaigre
- Sel
- 2 filets d'anchois à l'huile (facultatif)
- 1 c. à café de câpres (facultatif)

Faire cuire les filets de lieu à la vapeur pendant 10 à 12 minutes. Réserver. Couper tous les ingrédients (sauf le poisson) en petits morceaux et les mettre dans un robot pour les mixer très grossièrement ou au contraire très fin jusqu'à obtenir une sauce homogène, selon le goût. Il est aussi possible de les couper en tout petits dés au couteau. Disposer le poisson sur un plat et verser la préparation par-dessus. Laisser le poisson mariner au réfrigérateur pendant au moins une nuit. Servir bien frais.

CONFITURE DE TOMATES VERTES AUX PRUNEAUX

Ingrédients

- 1 kg de tomates vertes
- 1 orange non traitée
- 100 g de pruneaux
- 10 cerneaux de noix
- 500 à 600 g de sucre
- 1 gousse de vanille
- 4 pièces d'anis étoilé (badiane)

Laver, essuyer et couper les tomates vertes en tranches minces. Laver l'orange et la couper en tranches fines, en prenant soin d'enlever les pépins.
Disposer les tomates et l'orange dans une bassine à confiture en couches alternées saupoudrées avec le sucre. Laisser macérer pendant 24 heures : cela permet de séparer le jus de la pulpe pour obtenir un sirop dans lequel vont cuire les tomates.
Le lendemain, ajouter les pruneaux dénoyautés, la vanille fendue en deux et l'anis. Porter lentement à ébullition. Laisser cuire à feu doux pendant 2 heures, en remuant de temps en temps pour éviter que la confiture n'accroche. En fin de cuisson, écumer et enlever la vanille et l'anis. Vérifier la consistance (verser une goutte sur une assiette bien froide, la goutte doit épaissir), ajouter les cerneaux de noix, mettre en pot aussitôt et retourner.

VARIANTES

- **Confiture de tomates vertes au citron** : remplacer l'orange, la vanille, l'anis et les pruneaux par un citron non traité, 150 g supplémentaires de sucre et éventuellement 5 g de gingembre frais râpé.
- **Confiture au pâtisson** : remplacer l'orange et les tomates vertes par un citron (zeste et jus) et 750 g de pâtisson.

Topi-nambour

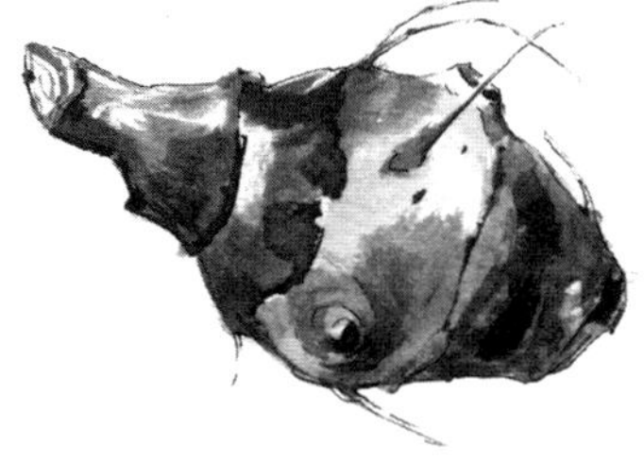

UN PEU DE BOTANIQUE

Helianthus tuberosus, de la famille des Astéracées comme la salade ou l'artichaut. *Helios* veut dire soleil en grec, et *anthos*, fleur pour rappeler la fleur jaune vif du topinambour qui est un proche parent du tournesol. Le topinambour est originaire d'Amérique du Nord où les Indiens le cultivaient avant l'arrivée des Européens. Précédemment appelé « truffe du Canada », son nom français résulte de la francisation du nom d'une tribu de l'Amazonie brésilienne, les Tupinambas. Plusieurs membres de cette tribu, ainsi que des tubercules ramenés du Canada, furent présentés comme curiosité en audience à la Cour de Paris au XVIIe siècle, d'où l'association erronée entre ce légume du nord du Nouveau Continent et des Indiens des forêts tropicales. Ce nouveau tubercule sera rapidement adopté comme aliment en Europe du fait de sa culture facile, même sur des sols pauvres, et de sa résistance au froid ; il sera ensuite remplacé par la pomme de terre et relégué au rang de nourriture pour le bétail. Il est aujourd'hui apprécié pour sa saveur proche de celle de l'artichaut, d'où l'appellation d'« artichaut d'hiver ».

PROPRIÉTÉS

Il a une teneur élevée en glucides, essentiellement de l'inuline, non absorbée par l'intestin, ce qui en fait un légume très peu calorique. En revanche, l'inuline active la flore du colon, contribuant ainsi à son équilibre et à l'amélioration du transit intestinal. L'inuline peut aussi provoquer des flatulences, qu'on évite en blanchissant d'abord le topinambour avec une branche de céleri, une feuille de laurier ou du bicarbonate de soude. Le topinambour est également riche en fibres, vitamines (A et B) et minéraux (potassium, phosphore et magnésium). C'est un excellent purgatif et il a des vertus tonifiantes et diurétiques.

PÉRIODE DE RÉCOLTE

D'octobre à mars, les tubercules se conservant mieux en terre.

CONSERVATION

Il est préférable de le consommer rapidement car il se dessèche et flétrit vite du fait de sa peau très fine. Il peut être conservé quelques jours dans un sac en papier au réfrigérateur. Il se prête bien à la lactofermentation ou au séchage.

PARTIES COMESTIBLES

Les tubercules, les jeunes feuilles, les jeunes pousses (tout juste sorties de terre) et les fleurs.

UTILISATION

Cru : jeune et frais à la croque-au-sel, en salade, carpaccio ou rémoulade après l'avoir râpé ou coupé en lamelles. Cuit : frit, à l'étouffée, à la vapeur, sauté, rôti au four, en daube, purée, soupe, potage, gratin, beignets. Mais il est également possible de boire du jus de topinambour. Lors de la découpe, il est conseillé de plonger les morceaux dans de l'eau citronnée afin d'éviter leur oxydation. Le topinambour n'a pas besoin d'être épluché, il suffit de le brosser pour enlever la terre. En cas de besoin, on peut aisément enlever la peau après blanchiment. Il faut éviter l'excès de cuisson car le topinambour a alors tendance à tomber en purée. Les pétales des fleurs peuvent être ajoutés aux salades.

CRÈME DE TOPINAMBOURS AUX CHAMPIGNONS

Pour 6 personnes

- 1 kg de topinambours
- 225 g d'oignons ou d'échalotes
- 4 c. à soupe d'huile d'olive
- 25 cl de crème fraîche
- 250 g de champignons frais : girolles, morilles, ou un mélange de champignons des bois
- Sel et poivre

Laver les topinambours et les ébouillanter 2 minutes afin de les éplucher plus facilement.
Éplucher et couper les oignons en rondelles fines et les faire fondre avec 2 cuillères à soupe d'huile dans une casserole. Ajouter les topinambours coupés en morceaux et recouvrir d'eau. Saler et poivrer.
Faire cuire 45 minutes à petits bouillons et à couvert, ou 20 minutes dans un autocuiseur.
Pendant ce temps, dans une poêle, faire cuire les champignons frais avec l'huile restante, jusqu'à évaporation de leur eau (mais ils ne doivent pas griller).
Quand les topinambours sont cuits, les broyer avec un mixeur plongeant. Ajouter la crème et un peu d'eau si nécessaire jusqu'à obtenir la consistance voulue. Servir dans des bols individuels avec 1 cuillère à soupe de champignons.

VELOUTÉ DE TOPINAMBOURS À L'HUILE DE NOISETTES

Pour 6 personnes

- 1 blanc de poireau
- 800 g de topinambours
- 4 gousses d'ail
- 20 cl de crème fraîche ou végétale
- 8 c. à soupe d'huile de noisettes
- 4 c. à soupe d'huile d'olive
- Sel et poivre
- 12 noisettes entières

Concasser grossièrement les noisettes et les faire griller à sec dans une poêle 2 à 3 minutes. Elles ne doivent pas brunir.

Émincer le blanc de poireau, le rincer à l'eau froide et l'essorer.
Éplucher l'ail et le hacher.
Dans une grande casserole, faire revenir le poireau et l'ail avec l'huile d'olive pendant 5 minutes en remuant souvent.
Éplucher les topinambours et les couper en petits morceaux.
Les ajouter aux poireaux avec la crème et couvrir avec de l'eau. Saler et poivrer. Laisser cuire à feu moyen et à couvert pendant 20 minutes. Mixer longuement les légumes afin d'obtenir un velouté d'une consistance très fine. Ajouter de l'eau, si nécessaire. Vérifier l'assaisonnement. Servir dans des bols et ajouter l'huile de noisettes et quelques brisures de noisettes grillées avant de déguster.

TOPINAMBOURS EN DAUBE

Pour 3-4 personnes

- 750 g de topinambours
- 120 g d'oignons
- 1 gousse d'ail
- 2 c. à soupe d'huile d'olive
- 15 cl de vin rouge
- 15 cl d'eau
- 1 bouquet garni
- Sel et poivre
- 1 c. à café de noix de muscade

Peler et couper les topinambours en dés. Peler et émincer les oignons et l'ail.
Dans une daubière, ou à défaut un faitout, faire revenir les oignons dans l'huile. Lorsqu'ils deviennent translucides, ajouter les topinambours, le sel, le poivre, la noix de muscade, l'ail et le bouquet garni. Laisser suer pendant 15 minutes à couvert, en faisant sauter de temps en temps.
Arroser avec le vin et l'eau. Faire évaporer à feu vif 3 à 5 minutes, puis couvrir la daubière d'une assiette pleine d'eau et laisser mijoter à feu doux pendant une petite heure. Si la cuisson se fait dans un faitout, surveiller le liquide de temps en temps.

Quelques recettes de base

BEURRE CLARIFIÉ OU *GHEE*

Ingrédients
- 500 g de beurre bio non salé

Dans une petite casserole à fond épais, faire fondre, à feu très doux, le beurre coupé en morceaux. Une fois fondu, le porter doucement à ébullition, à feu moyen, sans arrêter de remuer pour ne pas qu'il accroche. Si besoin, utiliser un thermomètre, la température ne devant pas dépasser 105 °C afin d'éviter que le beurre ne brûle.
Réduire le feu dès le début de l'ébullition et laisser cuire doucement, environ 20 minutes, en enlevant l'écume avec une passoire au fur et à mesure qu'elle se forme. À la fin de la cuisson, le beurre doit avoir une couleur dorée et une odeur de noisette.

À l'aide d'un chinois sur lequel on dépose une gaze, filtrer le beurre au-dessus d'un récipient pouvant être hermétiquement fermé.
Le beurre se solidifie en refroidissant.
Le beurre clarifié se conserve quelques mois hors du réfrigérateur et à l'abri de la lumière, sans rancir.
La clarification ou déshydratation du beurre permet d'éliminer la caséine (protéine du lait) et le lactose (sucre), le rendant plus digeste et mieux adapté à la cuisson à haute température. Il peut être utilisé dans les cuissons à la poêle, les sauces, pour les viandes rôties, etc.

BOUILLON DE LÉGUMES

Conserver toujours l'eau de cuisson des légumes ou le surplus de liquide d'une sauce tomate pour l'utiliser comme un bouillon de légumes dans d'autres préparations ou pour réaliser une soupe aux vermicelles.

Pour 1 litre

- 1 poireau
- 2 carottes
- 2 navets
- 2 branches de céleri
- 1 bel oignon
- 2 clous de girofle
- 2 feuilles de laurier
- 2 branches de thym
- 2 l d'eau
- Sel

Ce bouillon peut être préparé avec tout type de légumes. Ceux donnés ici le sont à titre d'exemple. Le temps de cuisson étant long, il est préférable de multiplier les quantités proposées par deux. Le bouillon peut être congelé dans un bac à glaçons ou stérilisé en bocaux pour être utilisé au fur et à mesure.
Éplucher l'oignon et le couper en deux. Le piquer avec le clou de girofle. Dans une grande casserole faire revenir l'oignon, sur la face coupée, jusqu'à ce qu'il commence à dorer.
Brosser et laver tous les légumes. Les couper grossièrement et les mettre dans la casserole. Couvrir d'eau sans ajouter le litre entier, le secret du bouillon est de ne pas noyer les légumes dans l'eau mais de l'ajouter petit à petit. Ajouter quelques pincées de sel, le thym et le laurier.
Faire cuire à couvert et à feu doux pendant 1 heure. Ajouter petit à petit

de l'eau. Le liquide doit diminuer de moitié pour augmenter la concentration des saveurs des légumes.
Passer le bouillon au chinois sans presser les légumes pour conserver un bouillon transparent.

BOUILLON DE VEAU, D'AGNEAU, DE BŒUF OU DE VOLAILLE

Pour 1 litre

- 1 kg d'os de veau, d'agneau ou de bœuf, ou une carcasse de volaille
- 2 carottes
- 2 oignons
- 2 branches de céleri
- 2 branches de thym
- 2 branches de persil
- 1 feuille de laurier
- Quelques grains de poivre
- 2 l d'eau
- Sel

Placer les os dans un faitout et les couvrir avec l'eau froide. Porter à ébullition, écumer au fur et à mesure et baisser le feu.
Brosser et laver carottes et céleri. Couper les carottes en rondelles et les branches de céleri en petits tronçons. Éplucher et couper les oignons en quatre puis chaque quartier en deux. Les verser dans le faitout avec le poivre, le sel et le bouquet garni composé du thym, du persil et de la feuille de laurier. Laisser cuire à couvert 2 à 3 heures à feu doux.
Filtrer le bouillon dans une passoire au-dessus d'un saladier.
Laisser refroidir puis mettre au réfrigérateur. Jeter les os, les légumes et la graisse.
Avant d'utiliser le bouillon, enlever la pellicule de graisse qui a figé en surface. On peut conserver le bouillon supplémentaire dans un bac à glaçons au congélateur ou stérilisé en bocaux.
Si on a le temps, et pour obtenir un bouillon au goût plus prononcé, on peut au préalable faire rôtir les os au four à 230°C pendant 40 minutes.

BOUILLON DE POISSON OU DE CRUSTACÉS

Ingrédients

- 1 kg d'arêtes et parures de poisson blanc, ou de têtes et carapaces de crevettes ou langoustines
- 2 bulbes de fenouil
- 4 oignons
- 2 poireaux
- 2 gousses d'ail
- 1 bouquet garni
- 2 l d'eau
- 2 c. à soupe d'huile d'olive
- 20 cl de vin blanc sec (facultatif)
- Sel

Peler l'oignon. Laver et émincer les légumes. Dans une cocotte, faire suer les légumes à l'huile pendant 5 minutes. Ajouter le poisson ou les crustacés, et le vin blanc. Faire réduire le liquide de moitié. Couvrir d'eau, ajouter un peu de sel et le bouquet garni. Porter à ébullition puis laisser mijoter 40 minutes en écumant de temps en temps. Filtrer. On peut conserver le bouillon supplémentaire dans un bac à glaçons au congélateur ou stérilisé en bocaux.

CHAPELURE

Ingrédients

- Pain sec ou biscottes

Après avoir utilisé le four pour une cuisson, y faire dessécher le pain quelques minutes afin qu'il s'émiette plus aisément mais aussi pour qu'il ne risque pas de moisir par la suite. Une fois refroidi, mixer le pain à l'aide d'un robot jusqu'à obtention de la grosseur désirée, ou le mettre coupé en morceaux dans un sac en tissu et l'écraser au rouleau à pâtisserie.
La chapelure se conserve dans un pot hermétique pendant quelques mois.

PÂTE FEUILLETÉE SALÉE OU SUCRÉE

Pour 1 pâte

- 250 g de farine
- 200 g de beurre à température ambiante ou de margarine
- 10 cl d'eau tiède
- ½ c. à café de sel (ou 2 c. à soupe de sucre)

Dans un saladier, mélanger la farine avec l'eau (salée ou sucrée) sans trop malaxer. Laisser reposer au frais pendant 1 heure.
Sur le plan de travail fariné, abaisser la pâte au rouleau, en rond.
Poser le beurre ramolli et coupé en petits cubes au centre de la pâte.
Replier la pâte en quatre, comme une enveloppe rectangulaire.
Laisser reposer 15 minutes.
Étendre en forme rectangulaire et plier en trois. Faire un quart de tour avec la pâte et l'étaler en rectangle. Plier à nouveau en trois. Laisser reposer 1 à 2 heures au réfrigérateur. Répéter cette double opération deux fois de plus.
La pâte se conserve 2 à 3 jours au réfrigérateur. Plus on attend, meilleur sera le feuilletage. Elle se congèle très bien, ce qui permet de faire plusieurs pâtes en même temps.
La pâte feuilletée cuit à blanc pendant environ 20 minutes dans le four préchauffé à 200-250 °C.

PÂTE BRISÉE

A) Pâte brisée au beurre

Pour 1 pâte

- 250 g de farine
- 125 g de beurre à température ambiante
- 1 à 2 g de sel
- 6 à 7 cl d'eau tiède ou de lait, selon les goûts

Mélanger la farine et le sel dans un plat. Ajouter le beurre en morceaux puis les incorporer à la farine en pétrissant rapidement et légèrement du bout des doigts. On doit obtenir une sorte de semoule grossière en 2 ou 3 minutes.

Incorporer rapidement l'eau ou le lait. Il en faut très peu pour permettre à la pâte de se lier et de faire une boule. Il est important de ne pas pétrir longtemps cette pâte.
Laisser reposer 1 heure avant de l'utiliser. Éviter de la garder au réfrigérateur, car elle durcit. Sinon, un passage au four micro-ondes à basse puissance donne de bons résultats.

B) Pâte brisée à l'huile d'olive

Pour 1 pâte

- 250 g de farine (T80, T65, T110 ou un mélange)
- 1 c. à café de sel fin
- 6 cl d'huile d'olive (ou autre huile supportant la cuisson)
- 12 cl d'eau tiède
- 1 à 2 c. à café d'herbes fraîches ou séchées (romarin, thym, ail des ours...) ou d'épices (curry, paprika...) ou de graines (sésame, pavot...) ou d'algues en paillettes

Mélanger tous les ingrédients dans un saladier jusqu'à obtention d'une pâte homogène. Ne pas trop travailler la pâte : elle doit devenir bien élastique.
Si elle s'étale mal, foncer le moule directement à la main. Il n'est pas nécessaire de la faire reposer avant de l'utiliser.

VARIANTE

Pour une version sucrée : remplacer les herbes, graines ou épices proposées plus haut par 2 c. à soupe de sucre et de la cannelle ou des épices à pain d'épices ou des copeaux de chocolat ou des amandes en poudre.

PÂTE SABLÉE

Pour 1 pâte

- 250 g de farine
- 125 g de sucre
- 1 œuf
- 125 g de beurre à température ambiante
- 1 pincée de sel

Dans un bol, mélanger l'œuf avec le sucre et la pincée de sel pour le faire blanchir.
Dans un saladier, mettre la farine et le beurre coupé en petits morceaux. Écraser le beurre et la farine en frottant légèrement les mains jusqu'à obtenir la consistance d'un sable grossier. Faire un puits au centre et verser le contenu du bol. Malaxer rapidement jusqu'à obtenir une pâte homogène.
Étaler au rouleau sur un plan de travail bien fariné ou sur du papier sulfurisé à placer directement dans le moule à tarte.
La pâte sablée cuit à blanc pendant environ 12 à 15 minutes dans le four préchauffé à 180 °C.

PÂTE À BEIGNETS SALÉE

Pour 6 personnes

- 250 g de farine
- 1 c. à soupe de levure chimique (ou 1 sachet de levure de boulanger)
- 15 à 20 cl de lait
- 2 œufs
- 1 c. à soupe d'huile d'olive
- 1 pincée de sel fin

Dans un saladier, mélanger soigneusement la farine, la levure et le sel avec les œufs et l'huile pour obtenir un mélange homogène.
Délayer peu à peu avec le lait jusqu'à obtention d'une belle pâte lisse mais pas trop liquide, surtout si l'on doit préparer des beignets aux légumes, lesquels rendent beaucoup d'eau.
Laisser reposer 1 heure au frais.

VARIANTE

Remplacer le lait et le sachet de levure par 25 cl de bière.

SAUCE TOMATE MAISON

Ingrédients

- 1 kg de tomates mûres
- 200 g d'oignons
- 2 c. à soupe d'huile d'olive
- 1 branche de thym
- 1 feuille de laurier
- 2 pincées de sucre
- Sel et poivre
- Autres aromates au choix : feuille de céleri, graines de coriandre, fenugrec, etc.

Dans une casserole ou un faitout, faire revenir les oignons épluchés et émincés dans l'huile chaude jusqu'à ce qu'ils deviennent translucides.
Ajouter les tomates lavées et coupées grossièrement, les aromates et le sucre pour enlever l'acidité des tomates. Saler, poivrer et mélanger.
Baisser le feu et laisser cuire à couvert 20 à 25 minutes. Les tomates doivent se déliter peu à peu et rendre leur eau à petit bouillon.
Afin de réduire le temps de cuisson, enlever régulièrement le liquide qui remonte à la surface (le conserver au congélateur ou stérilisé, pour l'utiliser lorsqu'une recette demande un bouillon de légumes).
Ôter la branche de thym et la feuille de laurier. Passer la préparation au moulin à légumes avec une grille moyenne, ce qui retiendra la peau des tomates.
Remettre la sauce dans la casserole pour la faire épaissir, en mélangeant à feu doux, jusqu'à obtention de la consistance souhaitée.
Cette sauce se conserve quelques jours au réfrigérateur, mais pas plus d'1 semaine. Elle se conserve plus longtemps en la stérilisant dans de petits bocaux en verre à couvercle à vis.
Telle quelle, elle peut servir de base sur une pizza.

Graines germées

Faire germer des graines : voilà quelque chose de facile, ludique, beau et intéressant d'un point de vue gustatif, et surtout très nutritif. Chacun peut le faire dans sa cuisine. Vous n'avez pas la chance d'avoir un jardin pour cultiver vos propres légumes ? Vous ne disposez pas d'un balcon pour faire pousser quelques plantes aromatiques ? Vous avez tout de même la possibilité de réaliser chez vous des graines germées !

La germination transforme la graine en une petite bombe nutritive. En effet, les graines germées ont des propriétés bien supérieures aux graines sèches : le taux de vitamines et d'enzymes peut être multiplié par plusieurs centaines après la germination. Elles sont une mine de vitamines (en particulier C et B), de minéraux (calcium, magnésium, phosphore, potassium, zinc, fer) et d'enzymes (qui aident à mieux digérer les aliments cuits qui en sont dépourvus). Elles facilitent l'assimilation, sont antioxydantes, et reminéralisantes. Afin de conserver toutes leurs qualités, il faut les manger crues dans des plats froids ou chauds. Dans ces derniers, elles doivent être ajoutées au dernier moment.

Outre l'aspect nutritif, les graines germées permettent d'égayer n'importe quelle assiette. Elles peuvent être utilisées en accompagnement d'un plat ou pour décorer les recettes de ce livre, en particulier les salades, crudités, sauces, sandwichs, tartines, verrines, omelettes, purées, potages, soupes ou veloutés.

Il est possible de faire germer bon nombre de graines : céréales (blé, riz, millet, etc.), légumineuses (alfalfa ou luzerne, lentille, pois chiche, etc.), oléagineuses (sésame, tournesol, etc.), légumes et aromates. Nous nous intéresserons uniquement aux deux dernières puisque ce sont celles que nous pouvons trouver abondamment dans nos jardins. Mais attention, toutes les graines ne sont pas comestibles. Il ne faut pas utiliser celles qui proviennent de plantes non comestibles ou de plantes qui ont des parties toxiques comme la rhubarbe ou les solanacées (tomates, aubergines, etc.).

Par ailleurs, utilisez uniquement des graines issues de l'agriculture biologique. Elles peuvent être conservées dans un endroit frais et sec pendant 2 ans. Au-delà, le taux de germination diminue.

Comment faire germer une graine ? La période de repos (ou dormance) de la graine prend fin avec le trempage dans l'eau. Sa durée varie selon les graines mais, de façon générale, il faut une nuit pour les petites graines, deux pour les plus grosses, en changeant l'eau chaque jour (voir tableau récapitulatif page 233). Ensuite vient la phase de germination pendant laquelle les réserves stockées par la graine sont transformées pour faciliter la croissance de la plante. Pendant cette période, les graines nécessitent :

- de l'humidité : réaliser 2 rinçages par jour ;
- de l'air : ne pas trop tasser les graines ni les faire se chevaucher afin que l'air circule entre elles. Pas de bocal hermétique ;
- de la lumière indirecte : ne pas exposer aux rayons du soleil ;
- une température douce et régulière.

Il est possible d'utiliser un bocal en verre, une assiette avec du coton, ou un germoir du commerce. Le germe apparaît au bout de quelques jours, voire quelques heures dans le cas du tournesol. La consommation est possible à partir de ce moment-là, en particulier pour les céréales et les légumineuses. Mais, pour les légumes et les aromates, il est préférable d'attendre l'apparition des cotylédons (les premières feuilles). Le temps de germination, pour atteindre une taille entre 2 et 4 cm, varie en fonction des graines (voir tableau récapitulatif page 233). Au-delà, la graine va s'épuiser et flétrir.

Lorsque les graines sont prêtes, les rincer, les égoutter et les consommer immédiatement afin de leur conserver toutes leurs propriétés. Mais lorsque la récolte est importante, il est possible de les conserver au réfrigérateur, dans un bocal sans eau stagnante, pendant 3 ou 4 jours, en les rinçant tous les 2 jours pour éviter qu'elles ne se déshydratent.

LÉGUME OU AROMATE	TEMPS DE TREMPAGE	GERMINATION (nbre de jours)[1]	CARACTÉRISTIQUES
Ail	1 nuit	4-6	Fines pousses de 3 à 4 cm. Saveur relevée mais moins prononcée que la gousse fraîche. Seraient aussi plus digestes que les gousses.
Basilic	pas de trempage	6-10	Pousses de 2 à 3 cm, très facile à faire germer (sauf en cas de basses températures). Saveur un peu piquante.
Betterave rouge	1 nuit	5-7	Très jolie couleur pourpre. Goût sucré et légèrement terreux.
Brocoli	1 demi-journée	5-8	Pousses de 2 à 3 cm. Goût plus doux que les autres choux. Plus digeste que le légume. Riche en agents antioxydants, vitamine C et protéines végétales.
Carotte	1 nuit	8-10	Pousses de 4 cm, long à faire germer. Goût très amer. Riche en phosphore, potassium, cuivre et carotènes.
Céleri	1 demi-journée	+15	Pousses de 2 cm, difficile à faire germer. Saveur très parfumée.
Cerfeuil	1 nuit	6-8	Goût légèrement anisé.
Chicorée	1 demi-journée	6-8	Goût très amer. Riche en vitamines B.
Chou	1 demi-journée	4-6	Jeunes pousses de 2 à 4 cm, facile à faire germer. Riche en phosphore, potassium et cuivre. Plus digeste que le légume. Pour la décoration, choisir le chou rouge (à la couleur rose vif), pour le goût, le chou chinois.

1 Les durées de germination pourront varier en fonction de facteurs extérieurs comme la saison, la température, le taux d'humidité ambiante, etc. Le temps donné est donc indicatif. La taille indiquée peut également donner une idée du moment propice à la récolte.

LÉGUME OU AROMATE	TEMPS DE TREMPAGE	GERMINATION (nbre de jours) [1]	CARACTÉRISTIQUES
Ciboulette	1 demi-journée	4-5	Goût relevé. Riche en vitamines B et C.
Coriandre	1 nuit	10-15	Goût parfumé.
Courge	1 nuit	2-4	Pousses d'1 cm. Riche en protéines végétales, glucides et vitamines.
Cresson	pas de trempage	3-5	Jeunes pousses de 3 à 4 cm, difficile à faire germer. Goût piquant. Particulièrement riche en fer, calcium et vitamine C.
Épinard	1 demi-journée	4-6	Fines pousses de 2 cm. Particulièrement riche en magnésium, calcium et vitamines B.
Fenouil	1 nuit	6-8	Pousses de 3 cm, facile à faire germer. Goût anisé. Très digestif. Particulièrement riche en fer, phosphore, potassium et cuivre.
Fève	1 nuit	3-5	Pousses d'1 à 2 cm.
Maïs	1-2 nuits	2-3	Pousses de 2 cm. Saveur très douce. Riche en phosphore et potassium.
Navet	1 demi-journée	5-8	Pousses de 2 à 3 cm. Riche en magnésium, phosphore et potassium.
Oignon	1 demi-journée	4-5	Pousses vertes de 2 cm. Goût fort et piquant mais moins prononcé que l'oignon cru. Riche en vitamines.

LÉGUME OU AROMATE	TEMPS DE TREMPAGE	GERMINATION (nbre de jours)[1]	CARACTÉRISTIQUES
Persil	1 nuit	10-12	Pousses de 2 à 3 cm, difficile à faire germer (germination lente et capricieuse). Goût proche de celui du persil mais plus doux. Riche en vitamine C.
Poireau	1 nuit	10-13	Jeunes pousses de 3 à 4 cm d'un vert intense, facile à faire germer malgré une germination lente. Goût intense et piquant. Riche en phosphore, potassium et cuivre.
Pois vert	1 nuit	8-10	Pousses de 2 cm, très décoratives. Riche en protéines, vitamines et fer.
Pourpier	pas de trempage	4-5	Pousses de 3 à 4 cm, très colorées allant du rose au pourpre. Goût fin légèrement sucré. Riche en vitamines, magnésium et potassium.
Radis	1 demi-journée	3-5	Jeunes pousses 2 à 3 cm, très facile à faire germer. Goût poivré et piquant, bon aromate de salades.
Raifort	1 demi-journée	3-4	Saveur poivrée. Particulièrement riche en vitamine C.
Roquette	pas de trempage	5-6	Jeunes pousses de 3 cm. Goût relevé et légèrement piquant. Particulièrement riche en vitamine C.

LEXIQUE

Abaisser : abaisser la pâte avec un rouleau à pâtisserie, c'est l'aplatir en une couche mince. On obtient une abaisse.

Al dente : expression d'origine italienne désignant un aliment peu cuit afin de lui conserver une certaine fermeté sous la dent : pâtes *al dente*, haricots verts *al dente*, cuisson *al dente*.

Appareil : mélange d'ingrédients nécessaires à la réalisation d'une préparation culinaire spécifique.

Autocuiseur : ustensile destiné à cuire les aliments sous pression afin de réduire le temps de cuisson (environ trois fois). Voir cocotte*.

Bain-marie : mode de cuisson consistant à mettre le récipient contenant ce que l'on veut faire chauffer dans un autre récipient contenant de l'eau chaude.

Blanchir : opération consistant à cuire des aliments à l'eau bouillante pendant une courte période.

Bouillon : liquide riche en arômes et en nutriments obtenu en faisant bouillir de la viande, du poisson ou des légumes dans de l'eau. « Retirer au premier bouillon » veut dire dès l'ébullition.

Bouquet garni : plantes aromatiques (brins de thym, feuilles de laurier, branches de persil ou de céleri, etc.) liées ensemble, que l'on fait cuire avec certains aliments bouillis ou braisés.

Chapelure (ou panure) : mie et croûte de pain sec, ou biscottes finement râpées servant à paner, c'est-à-dire à couvrir un aliment avant de le faire frire ou griller (voir recette p. 226).

Cocotte : marmite faite d'un matériau épais, telle la fonte, qui permet des cuissons prolongées à feu doux. Ne pas confondre avec le terme « Cocotte-Minute » qui désigne un autocuiseur* mais qui est une marque déposée.

Crumble : verbe anglais, *to crumble*, qui signifie émietter ou s'émietter, effriter ou s'effriter.
Un crumble désigne la croûte d'un dessert ou d'un plat composé d'une couche de compote (fruits ou autre ingrédient) recouvert de pâte sablée, émiettée, friable. Par extension, on dit « crumble » pour le plat, salé ou sucré, et on ajoute... « de pommes », « de potiron », pour préciser l'ingrédient dont il se compose.

Cuire à blanc : précuire ou cuire complètement une pâte sans sa garniture. Pour que le fond de la pâte reste plat lors de la cuisson, le recouvrir de papier sulfurisé et disposer dessus des légumes secs ou un moule d'un diamètre légèrement inférieur.

Daube : mode de cuisson à l'étouffée*, souvent dans du vin et des aromates, que l'on applique à certaines viandes et légumes dans un récipient fermé, une daubière*. Par extension, viande ou tout autre aliment accommodé de cette manière.

Daubière : récipient en terre cuite réfractaire muni d'un couvercle creux sur lequel on mettait à l'origine des braises. Aujourd'hui, le couvercle peut accueillir un peu d'eau qui, en refroidissant les vapeurs à l'intérieur du récipient, va préserver et concentrer les saveurs tout au long de la cuisson au four.

Déglacer : dissoudre à l'aide d'un liquide (vin, crème fraîche, vinaigre, etc.) la pellicule déposée au fond d'un récipient après cuisson pour préparer une sauce.

Étouffée (À l') : cuit à feu très doux dans un récipient fermé hermétiquement pour que la vapeur d'eau dégagée par les aliments serve à la cuisson. À la différence des aliments bouillis, les aliments à l'étouffée cuisent sans adjonction d'eau ou dans très peu d'eau.

Étuvée (À l') : cuit doucement à couvert dans son eau et avec très peu de matière grasse (voir à l'étouffée*).

Frémir : cuire lentement à la limite de la température d'ébullition (voir mijoter*). L'eau frémit avant de bouillir.

Griller à sec : cuire à sec, c'est-à-dire sans matière grasse, sur feu doux ou moyen, en remuant constamment, jusqu'à obtention d'une jolie couleur dorée.

Julienne : préparation de légumes coupés en bâtonnets très minces utilisée en garniture ou pour des potages.

Macération : opération qui consiste à faire tremper dans un liquide (eau, liqueur, alcool, huile, vinaigre, etc.) un ingrédient cru ou séché pour qu'il s'en imprègne.

Mandoline : ustensile de cuisine servant à couper les légumes crus en tranches plus ou moins épaisses, ou bien en bâtonnets ou en julienne* si la mandoline est équipée de plusieurs types de lames.

Marinade : mélange de vin, de vinaigre salé, d'épices (poivre, thym, laurier, ail, oignon, etc.) dans lequel on fait macérer des aliments pour les parfumer avant cuisson ou conservation.

Mijoter : faire cuire ou bouillir lentement, à petit feu.

Quatre-épices (mélange) : mélange de poivre, girofle, muscade et gingembre. Les graines de nigelle réduites en poudre donnent un assaisonnement rappelant le mélange dit des quatre-épices.

Revenir : faire colorer un ingrédient dans un corps gras très chaud (voir rissoler*).

Risotto : Préparation à base de riz d'origine italienne. Les grains de riz (de préférence des variétés riches en amidon et non étuvés, comme *Arborio*, *Carnaroli* ou *Vialone Nano*) sont dorés dans un corps gras avec des oignons hachés, puis cuits par adjonctions successives de petites quantités de bouillon chaud.

Rissoler : exposer un aliment à un feu vif ou à une température élevée, de manière à en dorer et griller la surface, à la rendre croustillante.

Sauteuse : casserole à bords peu élevés dans laquelle on fait sauter les viandes, les légumes.

Tamari : liquide issu de la fermentation des haricots de soja. Convient à la cuisson des légumes et permet de relever, entre autres, le goût des pâtes, légumes et potages.

INDEX PAR LÉGUMES

INDEX PAR TYPES DE PLAT

Entrées

Farcis

Galettes et criques

Gaspachos et soupes froides

Gratins et autres plats au four

Légumineuses

Omelettes

Poêlées, sautées et rissolées

Purées et crèmes

Ragoûts et plats mijotés

Riz, pâtes et autres céréales

Salades

Sauces et condiments

Soupes, veloutés et potages

Tartes, tourtes et quiches

Yaourts

CÔTÉ JARDINS : UN POTAGER COLLECTIF, CONVIVIAL, PRODUCTIF, BIOLOGIQUE ET ÉDUCATIF

Côté Jardins est une association dont les membres cultivent de façon collective, depuis 1988, un terrain d'un hectare situé à Tassin-la-Demi-Lune (dans la périphérie de Lyon) selon les normes de l'agriculture biologique et dans le respect de l'environnement. Elle emploie, pour son fonctionnement quotidien, un jardinier professionnel qui s'occupe de l'organisation et d'une partie des travaux du potager, ainsi qu'une animatrice nature pour former et sensibiliser des publics variés à la pratique du jardinage et à l'environnement.

Chaque adhérent, par sa cotisation, contribue financièrement aux frais (salaires, semences, plants, amendements, matériel, etc.) et participe aux travaux de maraîchage à raison de six dimanches au minimum par an, ainsi que quatre heures de désherbage. Pour garantir à chacun un panier lui permettant de se nourrir pendant la semaine et garder à l'association une « taille humaine », le nombre d'adhérents est limité à cent dix. Ce nombre atteint, les personnes souhaitant adhérer sont inscrites sur une liste d'attente.

Les légumes sont récoltés une fois par semaine, le dimanche, par un groupe d'adhérents. Ils sont partagés équitablement et mis dans des paniers qui sont ensuite acheminés vers huit lieux de distribution. Ainsi, chaque membre de l'association bénéficie, une fois par semaine, d'un panier de légumes qu'il récupère à proximité de son domicile. La journée du dimanche est aussi l'occasion de faire les travaux nécessaires au jardin (plantation, semis, paillage...). Depuis 2012, nous disposons aussi de quelques ruches afin de favoriser le développement des abeilles en milieu urbain et pour récolter du miel.

L'association propose aussi des animations centrées autour du jardinage destinées aux enfants des adhérents (le Club des jardiniers) et aux enfants en milieu scolaire, centres sociaux, comités éducatifs locaux. Elle fait aussi de la sensibilisation auprès d'autres publics et à l'occasion de différents événements se déroulant dans la région lyonnaise.

Côté Jardins est une association loi 1901, reconnue d'intérêt général. Toutes les décisions sont prises collectivement lors de l'assemblée générale annuelle et du conseil d'administration mensuel. Un compte-rendu de ces réunions est diffusé auprès des adhérents, ainsi qu'une «feuille de chou» interne, *Jard'Infos*, diffusée par mail et dans les paniers tous les quinze jours. Des commissions fonctionnent régulièrement (commissions «culture», «animation», «rucher», «fleurs») et d'autres peuvent exister ponctuellement autour d'un projet, comme lors de la construction d'un four à pain en terre crue, sur le jardin, pendant l'été 2013. Elles sont ouvertes à tous les adhérents, tout comme les réunions du conseil d'administration, car la communication, les échanges, l'organisation et la gestion sont l'affaire de tous.

Nous venons au jardin pour jardiner mais aussi pour nous retrouver autour d'un repas ou d'un feu de bois à l'occasion de notre fête de la Saint-Jean ou de celle d'automne. Nous cherchons aussi les œufs de Pâques entre les choux et les poireaux, et nous mondons des noix pour aller fabriquer notre huile au moulin.

Côté Jardins, c'est le plaisir de jardiner et le plaisir de partager.

Le jardin se trouve à l'angle des chemins Finat-Duclos et Antoine Pardon à Tassin-la-Demi-Lune, sur la route de Saint-Genis-les-Ollières.
Siège social : Côté Jardins, 9 allée des Herbiers, 69160 Tassin-la-Demi-Lune
Site internet : www.cotejardins.org
Courriel : contact@cotejardins.org

Terre vivante
l'éditeur de l'écologie pratique

1979 Terre vivante voit le jour
Des militants de l'écologie fondent à Paris Terre vivante, pour proposer des solutions au quotidien.

1980 naissance des *4 Saisons du jardin bio*
C'est le premier magazine de jardinage bio en France.

1982 publication du premier livre
La petite équipe se lance dans l'édition de livres pratiques : jardinage bio, alimentation saine, habitat écologique, bien-être/santé...

1994 création d'un Centre écologique
Pourquoi ne pas montrer, grandeur nature, ce que *Les 4 Saisons* et les livres décrivent ? Le Centre Terre vivante ouvre ses portes à Mens (38), au pied du Vercors.

Aujourd'hui une Scop
Le catalogue de ses livres compte environ 200 titres, le magazine *Les 4 Saisons* a trouvé sa place en kiosque et Terre vivante est devenue une Scop, entreprise coopérative.

Scop Terre vivante
Domaine de Raud
38710 MENS
www.terrevivante.org

Déjà parus aux éditions Terre vivante

Les légumes passent à table
Recettes inattendues
Côté Jardins

Le guide Terre vivante de la cuisine saine
1000 recettes pour tous les jours
Claude Aubert, Marie Chioca, Olivier Degorce, Amandine Geers et Sylvie Hampikian

Je ferais bien une soupe !
Recettes gourmandes des 4 saisons
Marie Chioca

Les secrets de la pâtisserie bio
130 recettes saines et gourmandes
Marie Chioca

En forme grâce aux huiles végétales !
Olive, colza, bourrache, lin, périlla...
Cécile Baudet

Amande, sésame, avocat...
150 recettes végétariennes à base d'oléagineux
Claude et Emmanuelle Aubert, Delphine Paslin

Les recettes du panier bio
50 légumes à savourer
Amandine Geers et Olivier Degorce

Découvrez les autres titres édités par Terre vivante sur le jardinage biologique, l'écologie pratique au quotidien et l'habitat sain sur
www.terrevivante.org

Achevé d'imprimer en France par Corlet Imprimeur - 14110 Condé-sur-Noireau.
Numéro d'imprimeur : 185643 - Dépôt légal : août 2014